图解法律 系列

图解 劳动法

法规应用研究中心 / 编

 开拓体例 **让法律阅读更轻松**　 图文并茂 **让法律学习更高效**

中国法治出版社
CHINA LEGAL PUBLISHING HOUSE

出版说明

书前的你，是否也有这样的学习烦恼：

笔记满满当当，可好像没学会什么。

资料用书看了几遍，还是似懂非懂，好像没有记忆点。

怎么才能做到过目不忘、一学就会呢？

本书就介绍了一个很实用的工具——思维导图，带你扫除阴霾，赶超学霸！

"图解法律系列"是运用图表的形式，将可视化思维融入法律工具书的编排和解读中，思维导图和核心知识点相融合，使专业、纸面的法律条文变得生动、立体。精美的版面设计和双色印刷提升了读者的阅读体验；条文与注释结合让重点内容清晰明了、轻松掌握；图形化的思维导图使法条逻辑清晰顺畅。

本丛书具有以下几大特点：

一、专业性

从立法部门对条文的专业解读中提炼要点注释。编选案例均来源于最高人民法院、最高人民检察院发布的指导性案例、公报案例，人民法院案例库参考案例，以及中国裁判文书网和各级人民法院发布的典型案例，并梳理归纳裁判要点，从而更好地指导法律实践。

二、体系性

用引注线的方式标注解释条文中的法律专业术语和关键内容，并逐条关联学习中常用的司法解释及其他法律。同时，用思维导图和流程图将重点内容清晰化，强调记忆点，帮助读者全面搭建法律知识图谱。

三、实用性

本书既可做法规书用于阅读法律条文，又可做注释书用于学习内容要点，更可做案例书用于学习裁判要点。一书在手，减少阅读时间，降低学习成本。

四、便捷性

本书采用双色印刷，清晰明了，提升了读者的阅读体验；小开本装帧方便日常携带，随拿随用，方便读者查找和学习。

我们力争做到内容的直观性、形式的生动性、使用的便捷性，打造一本全面实用、好看好用的新型学法适法用书！

目　录

中华人民共和国劳动法

第一章　总　　则

第二章　促进就业

第四章　工作时间和休息休假

第五章　工　　资

第六章　劳动安全卫生

第十章　劳动争议

第十一章　监督检查

第十二章　法律责任

第十三章 附 则

附录

中华人民共和国劳动法

第一章 总　则

第一条 【立法宗旨】

为了保护劳动者的合法权益，调整劳动关系，建立和维护适应社会主义市场经济的劳动制度，促进经济发展和社会进步，根据宪法，制定本法。

要点注释

本条是依据《宪法》制定的，是《宪法》中涉及劳动事项的规定的落实和具体化，意味着《劳动法》的规定需要符合《宪法》的基本原则，不得违背《宪法》的规定。

⬡思维导图

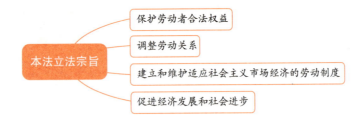

本法立法宗旨
- 保护劳动者合法权益
- 调整劳动关系
- 建立和维护适应社会主义市场经济的劳动制度
- 促进经济发展和社会进步

拓展适用

《宪法》（2018 年 3 月 11 日）
第六条、第四十二条

第二条 【适用范围】

本条中的"企业"是指从事产品生产、流通或服务性活动等实行独立经济核算的经济单位，包括各种所有制类型的企业，如工厂、农场、公司等。

在中华人民共和国境内的企业、个体经济组织（以下统称用人单位）和与之形成劳动关系的劳动者，适用本法。

国家机关、事业组织、社会团体和与之建立劳动合同关系的劳动者，依照本法执行。

《关于贯彻执行〈中华人民共和国劳动法〉若干问题的意见》第一条规定，劳动法第二条中的"个体经济组织"是指一般雇工在七人以下的个体工商户。

在我国法律体系中，有劳动关系和劳务关系这两个概念。劳动关系是指用人单位和劳动者基于雇佣与被雇佣而产生的关系，在法律上属于劳动法的范畴；劳务关系则是平等民事主体间提供方给用工方提供劳务服务，获得劳务报酬的关系，由民事法律规范调整。两者的区别主要有以下四个方面：

（1）劳动关系的主体一方是用人单位，另一方必然是劳动者；而劳务关系的主体可能有很多方，可能是公司与公司之间的关系，也可能是个人与个人之间的关系，还可能是公司与个人之间的关系。

（2）在劳动关系中，劳动者除提供劳动外，还要接受用人单位的管理，遵守其规章制度等；而在劳务关系中，民事主体只提供劳务服务，用工方支付报酬，彼此之间在法律上不存在身份隶属关系，既没有档案需要放在单位或与单位有关的地方，也不需要员工手册等证明文件。

（3）劳动关系中的劳动者除获得工资报酬外，还有社会保险、住房公积金等；而劳务关系的民事主体一般只获得劳务报酬。

（4）劳动关系适用《劳动法》《劳动合同法》等；劳务关系则适用《民法典》等。

本条第二款所指的劳动者包括三个方面：

（1）国家机关、事业组织、社会团体的工勤人员；

（2）实行企业化管理的事业组织的非工勤人员；

（3）其他通过劳动合同（包括聘用合同）与国家机关、事业组织、社会团体建立劳动关系的劳动者。

也就是说，当劳动合同关系的用人单位一方主体是国家机关、事业组织和社会团体时，只有属于上述三种情形之一的，才适用《劳动法》的相关规定。

要点注释

本条规定了《劳动法》的适用范围。

《劳动法》的适用范围，大致上划分为两种类型：一类是企业、个体经济组织和与之形成劳动关系的劳动者；另一类是国家机关、事业组织、社会团体和与之建立劳动合同关系的劳动者。应当注意，两种情形下法律的要求是不一样的。在前一种情形下，《劳动法》的适用不以签订劳动合同为必要，在没有签订劳动合同的情况下，双方形成事实劳动关系的，也适用《劳动法》的规定；而在后一种情形下，只有双方建立了劳动合同关系，才适用《劳动法》。

第三条 【劳动者的权利和义务】

劳动者享有平等就业和选择职业的权利、取得劳动报酬的权利、休息休假的权利、获得劳动安全卫生保护的权利、接受职业技能培训的权利、享受社会保险和福利的权利、提请劳动争议处理的权利以及法律规定的其他劳动权利。

劳动者应当完成劳动任务，提高职业技能，执行劳动安全卫生规程，遵守劳动纪律和职业道德。

《劳动法》对劳动者权利的规定比较广泛，不仅有经济方面的权利，还有劳动者安全保护及提请纠纷解决等多方面的权利，主要包括：参加劳动、获取劳动安全卫生保护、享受社会保险、享受社会福利、接受职业培训、参加工会和职工民主管理、决定劳动法律关系的存续、保护合法权益不受侵犯等。

劳动者的义务主要包括：承担劳动任务的责任、忠实的义务及因违反前两项义务所需承担的责任，如违纪处分、赔偿单位损失、违反劳动合同的违约责任等。

要点注释

平等权既是《宪法》规定的公民的基本权利，也是各法律的基本规定，《劳动法》也不例外。因此，各类职工在用人单位享有的权利是平等的。过去意义上相对于"正式工"而言的"临时工"的名称已不复存在。用人单位如在临时性的工作岗位上用工，也应当与劳动者签订劳动合同并依法为其缴纳各种社会保险，但在劳动合同的期限上可以有所区别。

⬥思维导图

《宪法》（2018 年 3 月 11 日）
第四十三条、第四十四条

案例精析

1. 唐某诉某科技公司劳动争议案

来源：广东高院发布一批劳动争议典型案例①

裁判要点

唐某于 2021 年入职某科技公司担任研发部主管。某科技公司发布管理制度规定，给办公经营场所设定用电额度，每月超出额度的电费由劳动者分摊。某科技公司依据该规定每月从唐某工资中扣除其应分摊的电费。

唐某以某科技公司未及时足额支付劳动报酬、克扣工资、规章制度违法为由申请劳动仲裁，请求某科技公司支付经济补偿和补发扣除的工资。后成讼。

珠海市香洲区人民法院经审理认为，唐某不存在工作以外原因消耗公司电力的情形，某科技公司从唐某应发工资中扣除办公场所的电费，不符合法律规定。

故判令某科技公司将每月扣除的电费如数返还给唐某。

2. 刘某某等十一人与电业局劳动争议案

来源：最高人民法院公布保障民生第二批典型案例之七②

裁判要点

我国社会主义市场经济发展过程中，国务院制定的重要改革措施需要严格执行。离岗退养协议中就有贯彻执行国有企业改革政策性质的内容，这些方面的问题确实需要由有关部门按照企业改制的政策统筹解决；但协议中也有用人单位和劳动者之间通过协议确定工资待遇的内容，如离岗退养职工享受普调性工资待遇的约定。

工资是劳动合同的重要组成部分，确定工资标准的内容具有劳动合同的性质，当事人对于是否按照劳动合同约定支付了工资发生争议，经过法定程序起诉之后，人民法院应当受理。

---

① 参见"广东省高级人民法院"微信公众号，https://mp.weixin.qq.com/s/f4pKo7L-nkHm7VTIOlLtGw，2024 年 7 月 31 日访问。

② 参见最高人民法院网站，http://gongbao.court.gov.cn/Details/9a4a13c56c02c8d4522ed4ba761761.html，2024 年 9 月 20 日访问。

第四条 【用人单位规章制度】

用人单位应当依法建立和完善规章制度，保障劳动者享有劳动权利和履行劳动义务。

用人单位应当依法建立和完善劳动规章制度，保障劳动者享有劳动权利、履行劳动义务。

要点注释

　　用人单位应当依法建立和完善劳动规章制度，保障劳动者享有劳动权利、履行劳动义务。用人单位在制定、修改或者决定有关劳动报酬、工作时间、休息休假、劳动安全卫生、保险福利、职工培训、劳动纪律以及劳动定额管理等直接涉及劳动者切身利益的规章制度或者重大事项时，应当经职工代表大会或者全体职工讨论，提出方案和意见，与工会或者职工代表平等协商确定。在规章制度和重大事项决定实施过程中，工会或者职工代表认为不适当的，有权向用人单位提出，通过协商予以修改完善。用人单位应当将直接涉及劳动者切身利益的规章制度和重大事项决定予以公示，或者告知劳动者。

拓展适用

《劳动合同法》
第四条
《最高人民法院关于审理劳动争议案件适用法律问题的解释（一）》
第五十条

案例精析

物业公司与王某某劳动合同纠纷案

来源：人民法院高质量服务保障长三角一体化发展典型案例[①]之3

裁判要点

劳动者须自觉维护用人单位劳动秩序，遵守用人单位规章制度，用人单位行使管理权的限度与方式亦当善意、宽容且合理。劳动者因直系亲属病重而提交了请假手续，其上级主管虽签字同意，但用人单位未及时审批。在此期间，该直系亲属病故，劳动

[①] 参见最高人民法院网站，https://www.court.gov.cn/zixun/xiangqing/400542.html，2024年9月1日访问。

者的事假性质即转化为丧假、事假并存。用人单位事后以劳动者旷工天数累计达到其规章制度规定的三天以上（含三天）为由，主张解除劳动合同，但该旷工天数的计算应扣除用人单位未及时审批的事假和劳动者法定的丧假。不符合解除条件的解除，系违法解除劳动合同。

2. 上海某公司诉王某劳动合同纠纷案

案号：（2020）沪 02 民终 10692 号
来源：人民法院案例库 2023-07-2-186-002

裁判要点

劳动者有自觉遵守用人单位规章制度的义务，而用人单位用工管理权的边界和行使方式亦应善意、宽容及合理，尊重法律法规及公序良俗。用工管理权合理边界审查应遵循合法性、正当性及合理性限度。劳动者因直系亲属死亡等紧迫事由向用人单位请事假，且未超过合理期间的，符合公序良俗，用人单位行使管理权时应秉持"普通善良人"之衡量标准，予以理解和尊重。劳动者已履行请假申报程序，用人单位未予准假，事后以劳动者擅自离岗、严重违反规章制度为由径行解雇，属于违法解除劳动合同。

3. 孙某诉某区人力资源开发有限公司劳动合同纠纷案

来源：最高人民法院指导案例 180 号

裁判要点

人民法院在判断用人单位单方解除劳动合同行为的合法性时，应当以用人单位向劳动者发出的解除通知的内容为认定依据。在案件审理过程中，用人单位超出解除劳动合同通知中载明的依据及事由，另行提出劳动者在履行劳动合同期间存在其他严重违反用人单位规章制度的情形，并据此主张符合解除劳动合同条件的，人民法院不予支持。

4. 北京某制药公司诉李某某劳动合同纠纷案

案号：（2017）京 01 民终 4436 号
来源：人民法院案例库 2023-07-2-186-003

裁判要点

用人单位以劳动者违反规章制度为由解除劳动合同，应审查劳动者的行为是否严重违反公司规章制度，给用人单位业务造成严重影响或损失，或者对他人造成严重人身、财产损失。在用人单位规章制度设置了纪律处分类别的情况下，应判断劳动者的行为属于规章制度中的哪一具体情形及其行为后果，同时考量劳动者的工作岗位和职责要求，判定解除劳动合同的合法性。如果劳动者违反规章制度的行为并未达到规章制度规定的应予解除劳动关系的严重程度，用人单位不能以此为由解除劳动合同。

第五条　【国家发展劳动事业】

国家采取各种措施，促进劳动就业，发展职业教育，制定劳动标准，调节社会收入，完善社会保险，协调劳动关系，逐步提高劳动者的生活水平。

▶职业教育是指国家和用人单位为提高劳动者的就业能力和职业技能而采取的训练与教育措施，大多采取职业培训的方式。

调节社会收入是指国家通过宏观调控措施调节全社会收入的总量以及不同地区、不同部门、不同单位、不同人员之间的收入关系，其目的是使全社会个人收入总量在国民收入中保持合理的比重，保证社会公平，促进社会发展。国家采取的主要措施是通过税收对全体社会的工资总额进行调控，将得到的税金用于国家重点建设项目和社会公益事业，为形成社会的基本公平创造条件，提高劳动者的生活水平。

要点注释

本条是关于国家在发展劳动事业方面职责的规定。对于促进就业和职业教育，我国专门颁布了《就业促进法》和《职业教育法》。

拓展适用

《宪法》
第四十二条第二款

第六条　【国家的倡导、鼓励和奖励政策】

国家提倡劳动者参加社会义务劳动，开展劳动竞赛和合理化建议活动，鼓励和保护劳动者进行科学研究、技术革新和发明创造，表彰和奖励劳动模范和先进工作者。

要点注释

本条是关于国家倡导、鼓励和奖励政策方面的原则性的规定。

思维导图

可以对劳动者进行奖励的情形

- 在完成生产任务或者工作任务、提高产品质量或者服务质量、节约国家资源等方面，做出显著成绩的
- 在生产、科学研究、工艺设计、产品设计、改善劳动条件等方面，有发明技术改进或者提出合理化建议，取得重大成果或者显著成绩的
- 在改进企业经营管理、提高经济效益方面做出显著成绩，对国家贡献较大的
- 保护公共财产，防止或者挽救事故有功，使国家和人民利益免受重大损失的
- 同坏人、坏事做斗争，对维持正常的生产秩序和工作秩序、维持社会治安，有显著功绩的
- 维护财经纪律、抵制歪风邪气，事迹突出的
- 一贯忠于职守，积极负责，廉洁奉公，舍己为人，事迹突出的
- 其他应当给予奖励的

第七条 【工会的组织和权利】

工会是中国共产党领导的职工自愿结合的工人阶级群众组织，是中国共产党联系职工群众的桥梁和纽带。中华全国总工会及其各工会组织代表职工的利益，依法维护职工的合法权益。

劳动者有权依法参加和组织工会。

工会代表和维护劳动者的合法权益，依法独立自主地开展活动。

要点注释

　　用人单位有会员二十五人以上的，应当建立基层工会委员会；不足二十五人的，可以单独建立基层工会委员会，也可以由两个以上单位的会员联合建立基层工会委员会，也可以选举组织员一人，组织会员开展活动。女职工人数较多的，可以建立工会女职工委员会，在同级工会领导下开展工作；女职工人数较少的，可以在工会委员会中设女职工委员。企业职工较多的乡镇、城市街道，可以建立基层工会的联合会。县级以上地方建立地方各级总工会。同一行业或者性质相近的几个行业，可以根据需要建立全国的或者地方的产业工会。全国建立统一的中华全国总工会。

拓展适用

《劳动合同法》

第六条、第六十四条、第七十八条

《工会法》

第二十三条、第三十九条

《最高人民法院关于在民事审判工作中适用〈中华人民共和国工会法〉若干问题的解释》

第一条至第八条

第八条　【劳动者参与民主管理和平等协商】

劳动者依照法律规定，通过职工大会、职工代表大会或者其他形式，参与民主管理或者就保护劳动者合法权益与用人单位进行平等协商。

要点注释

本条是对劳动者参与民主管理和平等协商的相关规定。其中"依照法律规定"，主要是指依据《公司法》《合伙企业法》《外商投资法》等法律。"通过职工大会、职工代表大会""参与民主管理"，主要适用于国有企业；"其他形式"是指通过工会或推举代表；"与用人单位进行平等协商"，主要适用于非国有企业。

⬥思维导图

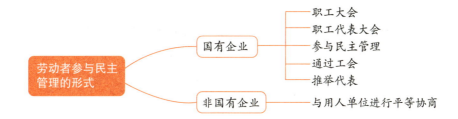

拓展适用

《劳动合同法》
第五条

人力资源部和社会保障部 ◀ 国务院劳动行政部门主管全国劳动工作。

县级以上地方人民政府劳动行政部门主管本行政区域内的劳动工作。 ▶ 各级人力资源和社会保障厅、局。

劳动工作在此处应作广义的理解，包括劳动就业、劳动合同和集体合同、工时和休息休假、工资、劳动安全卫生、女职工和未成年工特殊保护、职业培训、社会保险和福利、劳动争议处理、劳动监督检查以及依照法律追究违法行为人责任等。

要点注释

本条是关于对劳动工作进行管理的主管机关的规定。本条第一款以法律形式明确了国务院劳动行政部门的地位和职责，第二款明确了县级以上各级地方劳动行政部门的地位和职责。

拓展适用

《劳动合同法》

第七十三条

《就业促进法》

第六条

《劳动保障监察条例》

第三条

第二章　促进就业

第十条 【国家促进就业政策】

国家通过促进经济和社会发展，创造就业条件，扩大就业机会。

国家鼓励企业、事业组织、社会团体在法律、行政法规规定的范围内兴办产业或者拓展经营，增加就业。

国家支持劳动者自愿组织起来就业和从事个体经营实现就业。

要点注释

《劳动法》对于促进就业只作了原则性的规定，具体规定可以参见《就业促进法》，尤其是第二章。

⛰思维导图

国家促进就业的措施

- 采取多种方式，拓宽就业渠道，增加就业岗位。国家鼓励发展劳动密集型产业、服务业，扶持中小企业，多渠道、多方式增加就业岗位；国家鼓励、支持、引导非公有制经济的发展，扩大就业，增加就业岗位；国家发展国内外贸易和国际经济合作，拓宽就业渠道；发挥投资和重大建设项目的带动就业作用，增加就业岗位

- 采取有利于就业的财政政策。县级以上人民政府应当根据就业状况和就业工作目标在财政预算中安排就业专项资金用于促进就业

- 采取税收优惠政策，鼓励企业增加就业岗位，扶持失业人员和残疾人就业

- 采取有利于就业的金融政策，增加中小企业融资渠道；鼓励金融机构改进金融服务，加大对中小企业的信贷支持，并对自主创业人员在一定期限内给予小额信贷等扶持

- 国家建立健全失业保险制度，依法保障失业人员的基本生活，并促进其实现就业

第十一条 【地方政府促进就业措施】

地方各级人民政府应当采取措施，发展多种类型的职业介绍机构，提供就业服务。

多种类型的职业介绍机构是指劳动部门、非劳动部门和个人开办的职业介绍机构，各级劳动就业服务机构开办的职业介绍机构，非劳动部门针对不同的求职对象开办的职业介绍机构等。各种类型的职业介绍机构业务范围不同。

要点注释

本条规定的是地方政府促进就业的措施。本条中的"多种类型的职业介绍机构"是指：劳动部门、非劳动部门和个人开办的职业介绍机构，各级劳动就业服务机构开办的职业介绍机构，非劳动部门针对不同的求职对象开办的职业介绍机构等。各种类型的职业介绍机构业务范围不同。对于发展职业介绍机构、提供就业服务的具体措施，《就业促进法》进行了详细的规定。县级以上人民政府建立健全公共就业服务体系，设立公共就业服务机构，为劳动者免费提供以下服务：

（1）就业政策法规咨询；

（2）职业供求信息、市场工资指导价位和职业培训信息发布；

（3）职业指导和职业介绍；

（4）对就业困难人员实施就业援助；

（5）办理就业登记、失业登记等事务；

（6）其他公共就业服务。

拓展适用

《就业促进法》
第五条、第二十四条、第三十三条至第四十一条

《就业服务与就业管理规定》
第二十四条至第六十条

第十二条 【就业平等原则】

劳动者就业，不因民族、种族、性别、宗教信仰不同而受歧视。

要点注释

　　本条是关于就业平等原则的规定。就业平等权包括三层含义：一是任何公民都平等地享有就业的权利和资格，不因民族、种族、性别、年龄、文化、宗教信仰、经济能力而受到限制；二是在应聘某一职位时，任何公民都应平等地参与竞争，任何人不得享有特权，也不应受到歧视；三是平等不等于同等，平等是指对于符合要求、符合特殊职位条件的人，应给予平等的机会，而不是无论条件如何都同等对待。

拓展适用

《就业促进法》
　　第三条、第二十八条

案例精析

闫某诉度假村公司平等就业权纠纷案

来源：最高人民法院指导案例 185 号

裁判要点

　　用人单位在招用人员时，基于地域、性别等与"工作内在要求"无必然联系的因素，对劳动者进行无正当理由的差别对待的，构成就业歧视，劳动者以平等就业权受到侵害，请求用人单位承担相应法律责任的，人民法院应予支持。

第十三条　【妇女享有与男子平等的就业权利】

妇女享有与男子平等的就业权利。在录用职工时，除国家规定的不适合妇女的工种或者岗位外，不得以性别为由拒绝录用妇女或者提高对妇女的录用标准。

要点注释

本条是对妇女享有与男子平等的就业权利的规定。理解本条，应当把握以下三点：（1）妇女享有同男子平等的就业权利；（2）凡是适合妇女从事劳动的岗位，用人单位不得以性别为由拒绝录用；（3）凡是适合妇女从事的工作或者岗位，用人单位在招收职工时不得提高对妇女的录用标准。

本条"不适合妇女的工种或者岗位"，主要是指《女职工劳动保护特别规定》中女职工禁忌从事的劳动范围规定的禁止安排妇女从事的工种或者岗位。可见，确保妇女平等就业权的实现，是以照顾妇女生理特点为前提的。此外，用人单位在其他工种和岗位的招工中，不得以性别为由拒绝录用妇女，也不得提高对妇女的录用标准和条件。

思维导图

用人单位在招录（聘）过程中，针对女性求职者，除国家另有规定外，不得实施的行为

- 限定为男性或者规定男性优先
- 除个人基本信息外，进一步询问或者调查女性求职者的婚育情况
- 将妊娠测试作为入职体检项目
- 将限制结婚、生育或者婚姻、生育状况作为录（聘）用条件
- 其他以性别为由拒绝录（聘）用妇女或者差别化地提高对妇女录（聘）用标准的行为

残疾人、少数民族人员、退出现役的军人的就业，法律、法规有特别规定的，从其规定。

要点注释

本条是关于特殊群体就业保护的规定。《劳动法》主要列举了三类特殊群体：残疾人、少数民族人员和退役军人。本条中的"法律、法规"是指《残疾人保障法》《退役军人保障法》以及《民族区域自治法》等。

拓展适用

《民法典》
第一百二十八条

《现役军官法》
第四十九条

《残疾人保障法》
第三十条至第四十条

《就业促进法》
第二十八条至第三十一条

案例精析

孙某诉某装饰公司劳动争议纠纷案

案号：（2023）辽 02 民终 2394 号
来源：人民法院案例库 2023-07-2-490-004

裁判要点

尚未达到法定退休年龄及未享受养老保险待遇的自主择业退役军人，具有成立劳动关系的法定主体资格。用人单位与劳动者签订书面劳动合同的法定义务不因其对劳动者身份的认知混淆而免除。

第十五条 【使用童工的禁止】

禁止用人单位招用未满十六周岁的未成年人。

文艺、体育和特种工艺单位招用未满十六周岁的未成年人，必须遵守国家有关规定，并保障其接受义务教育的权利。

要点注释

本条是关于使用童工的禁止性规定。对于禁止使用童工，除《劳动法》作出的原则性的规定外，国务院还颁布了《禁止使用童工规定》，对于使用童工行为所应承担的法律责任等相关问题进行了详细规定。在我国，使用童工行为是法律严格禁止的，但是有一类特殊情况，即根据《禁止使用童工规定》第十三条的规定，文艺、体育单位经未成年人的父母或者其他监护人同意，可以招用不满十六周岁的专业文艺工作者、运动员。用人单位应当保障被招用的不满十六周岁的未成年人的身心健康，保障其接受义务教育的权利。可见，文艺、体育单位招用不满十六周岁的专业文艺工作者、运动员至少必须符合以下三个基本条件：（1）只限于文艺或者体育单位的招用行为，其他单位不可以；（2）必须经父母或者其他监护人的同意；（3）必须保障未成年人的身心健康，保障其接受义务教育的权利。

拓展适用

《未成年人保护法》
第六十一条

《禁止使用童工规定》
第四条、第十三条

第三章　劳动合同和集体合同

第十六条　【劳动合同的概念】

> 劳动合同是劳动者与用人单位确立劳动关系、明确双方权利和义务的协议。
>
> 建立劳动关系应当订立劳动合同。

要点注释

　　本条是对劳动合同概念的界定和法律对签订劳动合同的要求。建立劳动关系的所有劳动者，不论是管理人员、技术人员还是原来所称的固定工，都必须订立劳动合同。"应当"在这里是"必须"的含义。对于劳动合同，《劳动合同法》进行了更为详细的规定。虽然劳动合同是劳动者与用人单位确立劳动关系的协议，但是劳动合同的订立和劳动关系的确立还是有一定区分的。根据《劳动合同法》第七条规定，建立劳动关系的唯一标准是实际提供劳动。换言之，只要劳动者实际提供劳动，用人单位实际用工，就建立了劳动关系，不论劳动者是否签订了书面劳动合同，都将受到同等的保护。

拓展适用

《劳动合同法》

第七条至第十一条、第十六条

案例精析

1. 何某与货运代理公司等劳动争议案

来源：劳动人事争议典型案例（第三批）[①] 之案例3

裁判要点

　　本案中，从货运代理公司与劳务公司订立的《配送业务承包协议》内容看，货运代理公司将配送员招募和管理工作外包给劳务公司，应当由劳务公司负责具体的用工组织和管理工作。但从本案工事实看，劳务公司并未对何某等站点配送员进行管理，其与货运代理公司之间的《配送业务承包协议》并未实际履行；货运代理公司虽然未与何某订立书面协议，却对其进行了劳动管理。

---

① 参见最高人民法院网站，https://www.court.gov.cn/zixun/xiangqing/401172.html，2023 年 9 月 1 日访问。

2. 房某诉保险公司劳动合同纠纷案

来源：最高人民法院指导案例 183 号

裁判要点

年终奖发放前离职的劳动者主张用人单位支付年终奖的，人民法院应当结合劳动者的离职原因、离职时间、工作表现以及对单位的贡献程度等因素进行综合考量。用人单位的规章制度规定年终奖发放前离职的劳动者不能享有年终奖，但劳动合同的解除非因劳动者单方过失或主动辞职所导致，且劳动者已经完成年度工作任务，用人单位不能证明劳动者的工作业绩及表现不符合年终奖发放标准，年终奖发放前离职的劳动者主张用人单位支付年终奖的，人民法院应予支持。

3. 聂某诉文化公司确认劳动关系案

来源：最高人民法院指导案例 179 号

裁判要点

（1）劳动关系适格主体以"合作经营"等为名订立协议，但协议约定的双方权利义务内容、实际履行情况等符合劳动关系认定标准，劳动者主张与用人单位存在劳动关系的，人民法院应予支持。

（2）用人单位与劳动者签订的书面协议中包含工作内容、劳动报酬、劳动合同期限等符合《劳动合同法》第十七条规定的劳动合同条款，劳动者以用人单位未订立书面劳动合同为由要求

支付第二倍工资的，人民法院不予支持。

3. 孙某诉人力资源公司劳动合同纠纷案

来源：最高人民法院指导案例 180 号

裁判要点

人民法院在判断用人单位单方解除劳动合同行为的合法性时，应当以用人单位向劳动者发出的解除通知的内容为认定依据。在案件审理过程中，用人单位超出解除劳动合同通知中载明的依据及事由，另行提出劳动者在履行劳动合同期间存在其他严重违反用人单位规章制度的情形，并据此主张符合解除劳动合同条件的，人民法院不予支持。

第十七条 【订立和变更劳动合同的原则】

订立和变更劳动合同，应当遵循平等自愿、协商一致的原则，不得违反法律、行政法规的规定。

劳动合同依法订立即具有法律约束力，当事人必须履行劳动合同规定的义务。

要点注释

　　本条规定了订立和变更劳动合同的原则。本条第一款中的"法律、行政法规"既包括现行的法律、行政法规，也包括以后颁布实行的法律、行政法规，既包括劳动法律、法规，也包括民事、经济方面的法律、法规。第二款中的"依法"是指订立劳动合同时所依据的现行法律和法规。劳动合同依法订立即具有法律约束力，任何第三方不得非法干预劳动合同的履行。劳动合同是合同的一种，应当符合《民法典》规定的订立合同的基本原则。但是劳动合同与民事合同又有着很大的不同，合同双方在地位上往往具有很大程度的不平等性，因此对于订立劳动合同的基本原则，法律特别强调了平等自愿和协商一致的原则，以期保护处于弱势地位的劳动者的合法权益。除《劳动法》规定的平等自愿、协商一致及合法性原则外，《劳动合同法》对劳动合同的订立，又特别提出了公平和诚实信用的原则，这些都是民法的基本原则，其具体的含义可以参酌民法上的相关规定。其中诚实信用原则，具体体现在《劳动合同法》第八条的规定当中，即用人单位在招用劳动者时，应当如实告知劳动者工作内容、工作条件、工作地点、职业危害、安全生产状况、劳动报酬，以及劳动者要求了解的其他情况；用人单位也有权了解劳动者与劳动合同直接相关的基本情况，劳动者应当如实说明。

拓展适用

《劳动合同法》

　　第二十九条、第三十三条至第三十五条、第八十四条

案例精析

1. 牛某某诉上海某物流有限公司劳动合同纠纷案

案号：（2021）沪01民终6197号

来源：人民法院案例库 2023-07-2-186-008

裁判要点

用人单位对劳动者享有知情权，可以了解劳动者的学历、履历、薪酬要求、劳动技能等，以保障劳动成果，提高经营效益。但用人单位知情权的范围限于"与劳动合同直接相关的基本情况"，通常包括工作岗位相匹配的信息，如教育经历、工作经验、技术技能等。与岗位、工作能力不直接相关的信息，不属于用人单位知情权的范围。

2. 某保安服务有限公司诉北京市某区人力资源、北京市某区人民政府工伤认定、行政复议案

案号：（2022）京02行终909号

来源：人民法院案例库 2024-12-3-007-006

裁判要点

用人单位聘用的超过法定退休年龄的务工农民，在工作时间内、因工作原因伤亡的，仍应适用《工伤保险条例》的有关规定进行工伤认定，用人单位应就劳动者所受伤害承担工伤保险责任。

劳动者冒用他人身份与用人单位签订劳动合同的，不能阻却其与用人单位之间成立事实劳动关系。用人单位与劳动者之间不签订劳动合同，或合同形式、内容不符合法律规定的情形时有发生，但认定双方是否存在劳动关系，需审查双方是否具备劳动关系成立的实质要件，而不能拘泥于劳动合同是否签订及有效。双方如满足以下条件，则可认定存在事实上的劳动关系：一是双方主体资格适格，二是劳动者受用人单位的劳动管理、从事用人单位安排的有报酬的劳动，三是劳动者提供的劳动属于用人单位业务的组成部分。满足上述条件的，即便双方未签订劳动合同，或者劳动者以他人身份与用人单位签订劳动合同，仍可认定事实劳动关系成立。

下列劳动合同无效：

（一）违反法律、行政法规的劳动合同；

（二）采取欺诈、威胁等手段订立的劳动合同。

无效的劳动合同，从订立的时候起，就没有法律约束力。确认劳动合同部分无效的，如果不影响其余部分的效力，其余部分仍然有效。

劳动合同的无效，由劳动争议仲裁委员会或者人民法院确认。

▶是指当事人一方故意制造假相或隐瞒事实真相，欺骗对方，诱使对方形成错误认识而与之订立劳动合同。

即只有违反法律、行政法规强制性规定的劳动合同才无效。法律、行政法规包含强制性规定和任意性规定。强制性规定排除了合同当事人的意思自治，即当事人在合同中不得合意排除法律、行政法规的强制适用，如果当事人排除了强制性规定，则构成劳动合同无效的情形。而如果是除一般性规定的适用，则不构成合同的无效。这里的强制性规定，主要是指国家制定的关于劳动▶者最基本劳动条件的规定，包括最低工资、工作时间、劳动安全与卫生法律、法规等。劳动合同的无效，经仲裁未引起诉讼的，由劳动争议仲裁委员会认定；经仲裁引起诉讼的，由人民法院认定。

要点注释

本条是关于无效劳动合同的规定。无效劳动合同是指所订立的劳动合同不符合法定条件，不能发生当事人预期的法律后果的劳动合同。劳动合同的无效由人民法院或劳动争议仲裁委员会确认，不能由合同双方当事人决定。

对于无效的劳动合同，《劳动法》只规定了两种，是比较简单的。对于这一问题，《劳动合同法》第二十六条进行了补充规定，规定下列劳动合同无效或者部分无效：（1）以欺诈、胁迫的手段或者乘人之危，使对方在违背真实意思的情况下订立或者变更劳动合同的；（2）用人单位免除自己的法定责任、排除劳动者权利的；（3）违反法律、行政法规强制性规定的。

拓展适用

《劳动合同法》

第二十六条至第二十八条

1. 贸易公司诉陈某劳动争议案

来源：广东高院发布一批劳动争议典型案例 ①

裁判要点

陈某于 2019 年入职贸易公司担任客服。双方签订的劳动合同约定，劳动者不得用自己的手机、微信和 QQ 联系客户、添加客户，更不能把客户推给家人、朋友，一旦发现马上开除，如违反上述规定要赔偿公司 20 万元。现贸易公司主张陈某私自添加客户微信，要求其赔偿违约金 20 万元。

在违反服务期约定和违反竞业限制约定两种情形下，劳动者需向用人单位支付违约金。用人单位不得利用其强势地位，以保护商业秘密为由，随意扩大劳动者承担违约责任的范围。广州市中级人民法院经审理认为，劳动合同上述违约条款超出法律规定可以约定违约金的范围，属无效约定，对贸易公司的诉讼请求不予支持。

2. 马某诉信息技术公司竞业限制纠纷案

来源：最高人民法院指导案例 184 号

裁判要点

用人单位与劳动者在竞业限制条款中约定，因履行竞业限制条款发生争议申请仲裁和提起诉讼的期间不计入竞业限制期限的，属于《劳动合同法》第二十六条第一款第二项规定的"用人单位免除自己的法定责任、排除劳动者权利"的情形，应当认定为无效。

3. 张某诉某劳务服务有限公司、某工业有限公司劳动合同纠纷案

案号：（2015）沪二中民三（民）终字第 962 号
来源：人民法院案例库 2023-07-2-186-006

裁判要点

1. 用人单位安排从事接触职业病危害的作业的劳动者进行离岗职业健康检查是其法定义务，劳动者未明确已经知晓并放弃离岗前职业健康检查的权利的，该项义务并不因劳动者与用人单位协商一致解除劳动合同而免除。用人单位与劳动者协商一致解除劳动合同的，解除协议应认定无效。

2. 在劳动者职业病鉴定结论未作出之前，双方的劳动关系并不因协议解除或者劳动合同到期终止。在经过职业病认定及劳动能力鉴定后，如妨碍双方劳动合同解除或者终止的情形均已消失，而用人单位亦无继续履行或者续订的意思表示，在符合终止劳动合同条件的情况下，双方的劳动关系可于劳动者职业病致残程度鉴定结果出具之日依法终止。

---

① 参见"广东省高级人民法院"微信公众号，https：//mp.weixin.qq.com/s/f4pKo7L-nkHm7VTIOlLtGw，2023 年 7 月 31 日访问。

第十九条 【劳动合同的形式和内容】

劳动合同应当以书面形式订立，并具备以下条款：

（一）劳动合同期限；

（二）工作内容；

（三）劳动保护和劳动条件；

（四）劳动报酬；

（五）劳动纪律；

（六）劳动合同终止的条件；

（七）违反劳动合同的责任。

劳动合同除前款规定的必备条款外，当事人可以协商约定其他内容。

要点注释

本条是对于劳动合同形式和内容的规定。《劳动法》规定劳动合同必须采取书面的形式订立，对此，《劳动合同法》又进一步作出了详细的规定，其第十条要求已建立劳动关系，未同时订立书面劳动合同的，应当自用工之日起一个月内订立书面劳动合同。

对于劳动合同的内容，即其应当具备的条款，《劳动合同法》第十七条规定，劳动合同应当具备以下条款：（1）用人单位的名称、住所和法定代表人或者主要负责人；（2）劳动者的姓名、住址和居民身份证或者其他有效身份证件号码；（3）劳动合同期限；（4）工作内容和工作地点；（5）工作时间和休息休假；（6）劳动报酬；（7）社会保险；（8）劳动保护、劳动条件和职业危害防护；（9）法律、法规规定应当纳入劳动合同的其他事项。

本条中"协商约定其他内容"是指劳动合同中的约定条款，即劳动合同双方当事人除依据本法就劳动合同的必备条款达成一致外，如果认为某些方面与劳动合同有关的内容仍需协调，便可将协商一致的内容写进合同里，这些内容是合同当事人自愿协商确定的，而不是法定的。用人单位与劳动者可以约定的其他内容包括试用期、培训、保守秘密、补充保险和福利待遇等其他事项。

《劳动合同法》

第十一条、第十六条至第十八条、第五十条至第五十九条

案例精析

1. 卢某诉劳务公司劳动争议案

来源：珠海中院发布珠海法院劳动争议十大典型案例之案例四 ①

裁判要点

卢某于 2020 年 7 月应聘劳务公司，入职后被安排负责公司人事和财务工作。2021 年 9 月，劳务公司以卢某不胜任工作为由将其辞退。卢某请求支付未签订书面劳动合同二倍工资差额。珠海市香洲区人民法院经审理认为，卢某作为人事主管，其工作职责包括代表单位依照法律法规处理与劳动者之间劳动合同的签订、履行等事宜，案中没有证据表明卢某曾提示劳务公司与其签订书面劳动合同。故卢某主张支付未签订书面劳动合同二倍工资差额，应不予支持。

2. 聂某诉文化公司确认劳动关系案

来源：最高人民法院指导案例 179 号

裁判要点

（1）劳动关系适格主体以"合作经营"等为名订立协议，但协议约定的双方权利义务内容、实际履行情况等符合劳动关系认定标准，劳动者主张与用人单位存在劳动关系的，人民法院应予支持。

（2）用人单位与劳动者签订的书面协议中包含工作内容、劳动报酬、劳动合同期限等符合《劳动合同法》第十七条规定的劳动合同条款，劳动者以用人单位未订立书面劳动合同为由要求支付二倍工资的，人民法院不予支持。

3. 曹某诉苏州某通信科技股份有限公司劳动合同纠纷案

案号：（2020）沪 01 民终 11389 号

来源：人民法院案例库 2023-07-2-186-009

裁判要点

劳动者与用人单位就工作内容、工作目标订立"军令状"，未违反法律强制性规定的，应当认定有效。以解除劳动关系作为惩戒措施的"军令状"中，若约定的解除条件违反法律强制性规定的，应当认定约定无效。用人单位以"军令状"约定目标未完成为由主张依据约定解除劳动合同的，人民法院不予支持。

---

① 参见"珠海市中级人民法院"微信公众号，https://mp.weixin.qq.com/s/TShch32U8ZyH6VbLM_qd-Q，2023 年 7 月 31 日访问。

第二十条 【劳动合同的期限】

劳动合同的期限分为有固定期限、无固定期限和以完成一定的工作为期限。

劳动者在同一用人单位连续工作满十年以上，当事人双方同意续延劳动合同的，如果劳动者提出订立无固定期限的劳动合同，应当订立无固定期限的劳动合同。

要点注释

本条是关于劳动合同期限的规定。劳动合同期限分为有固定期限、无固定期限和以完成一定工作任务为期限三种。

第一种，有固定期限合同，是指劳动合同中明确规定合同的有效期限。劳动合同约定固定期限，可以是长期的，如五年以上；也可以是短期的，如一年、二年等。

第二种，无固定期限合同，是指劳动合同不约定具体期限。通常，劳动合同约定无固定期限都是长期的，只要在履行过程中不发生法定解除劳动合同的事项或者行为，劳动合同的有效期可至劳动者退休。

第三种，以完成一定工作任务为期限的合同，是指经劳动合同双方约定，用人单位招用劳动者完成特定的工作任务，一旦工作任务完成，劳动合同自行终止。这种劳动合同的有效期限，以完成工作任务的时间为限。因此，其有效期可能为数周、数月，也可能长达数年。

拓展适用

《劳动合同法》
第十二条至第十五条
《劳动合同法实施条例》
第九条至第十二条

案例精析

1. 王某某与某医院劳动争议案

来源：绍兴中院发布劳动争议典型案例[①]

裁判要点

王某某自 2015 年 6 月起到某医院从事收费工作。双方签订了两次书面劳动合同。合同期满前王某某提出要求续订无固定期限劳动合同。某医院不同意续订无固定期限劳动合同。王某某遂

[①]　参见"绍兴市中级人民法院"微信公众号，https://mp.weixin.qq.com/s/eRaMYzacw7SUnivOOT4khw，2023 年 7 月 31 日访问。

向劳动保障监察支队投诉。经调处，某医院同意与王某某续签无固定期限劳动合同，但需将王某某调岗至护工岗位。王某某不同意变更岗位而拒签。某医院即以王某某合同到期拒绝续签而终止劳动合同。王某某要求某医院支付违法终止劳动合同赔偿金，提起劳动仲裁。

仲裁委认为，王某某与某医院两次订立固定期限劳动合同，期满后王某某要求继续履行劳动合同且明确提出订立无固定期限劳动合同，故王某某符合订立无固定期限劳动合同的条件，某医院应当与王某某签订无固定期限劳动合同。某医院单方调整王某某岗位，既未与王某某协商一致，也未能提供合法有效的证据证明王某某不符合、不胜任原岗位工作或确属用人单位生产经营所必需，据此以王某某不愿意签订劳动合同为由终止劳动合同的行为违法，故应支付王某某赔偿金。裁决作出后，双方均未向法院起诉。

2.张某诉上海某国际货物运输代理有限公司劳动合同纠纷案

案号：（2021）沪 01 民终 10455 号
来源：人民法院案例库 2023-07-2-186-005

裁判要点

劳动合同到期终止后，用人单位主张无须支付经济补偿金的，应就其以维持或者提高劳动合同约定的条件续订劳动合同而劳动者不同意续订承担举证责任。续订条件是否相对维持或提高的识别应以原合同终止前所达成的约定条件为基准。劳动者因不满降薪决定而拒绝续订合同，用人单位需举证证明双方就此达成一致或者降薪具备合理性，否则用人单位以劳动者不同意续订为由主张无须支付经济补偿金的，人民法院不予支持。

第二十一条 【试用期条款】

劳动合同可以约定试用期。试用期最长不得超过六个月。

要点注释

本条是关于劳动合同试用期的规定。试用期适用于初次就业或再次就业时改变劳动岗位或工种的劳动者。试用期，是指用人单位对新招收的职工的思想品德、劳动态度、实际工作能力、身体情况等进行进一步考察的时间期限。试用期是一个约定的条款，如果双方没有事先约定，用人单位就不能以试用期为由解除劳动合同。

试用期最长为六个月，《劳动合同法》第十九条第一款根据劳动合同期限的不同情形进行了区分：劳动合同期限三个月以上不满一年的，试用期不得超过一个月；劳动合同期限一年以上不满三年的，试用期不得超过两个月；三年以上固定期限和无固定期限的劳动合同，试用期不得超过六个月。

劳动者在试用期间应当享有全部的劳动权利。这些权利包括取得劳动报酬的权利、休息休假的权利、获得劳动安全卫生保护的权利、接受职业技能培训的权利、享受社会保险和福利的权利、提请劳动争议处理的权利以及法律规定的其他劳动权利；还包括依照法律规定，通过职工大会、职工代表大会或者其他形式，参与民主管理或者就保护劳动者合法权益与用人单位进行平等协商的权利。不能因为试用期的身份而加以限制，与其他劳动者区别对待。

另外，对于试用期内的工资，《劳动合同法》第二十条明确规定，劳动者在试用期内的工资不得低于本单位相同岗位最低档工资或者劳动合同约定工资的80%，并不得低于用人单位所在地的最低工资标准。

试用期的相关限制

对试用期的期限进行限制。——劳动合同可以约定不超过六个月的试用期。劳动合同期限三个月以上不满一年的，试用期不得超过一个月；劳动合同期限一年以上三年以下的，试用期不得超过二个月；三年以上固定期限和无固定期限的劳动合同，试用期不得超过六个月

对试用期适用的范围进行限制。——以完成一定工作任务为期限的劳动合同或者劳动合同期限不满三个月的，不得约定试用期

对试用期的适用次数进行限制。——同一用人单位与同一劳动者只能约定一次试用期

对试用期适用主体进行限制。劳动合同试用期适用于初次就业或再次就业时改变劳动岗位或工种的劳动者。在原固定工进行劳动合同制度的转制过程中，用人单位与原固定工签订劳动合同时，可以不再约定试用期

拓展适用

《劳动合同法》
第十九条至第二十一条

《劳动合同法实施条例》
第十五条

《劳务派遣暂行规定》
第六条

第二十二条 【保守商业秘密之约定】

劳动合同当事人可以在劳动合同中约定保守用人单位商业秘密的有关事项。

要点注释

本条是关于劳动合同中保守商业秘密之约定的规定。所谓"商业秘密"，根据《反不正当竞争法》第九条的规定，是指不为公众所知悉、具有商业价值并经权利人采取相应保密措施的技术信息、经营信息等商业信息。另据《最高人民法院关于审理侵犯商业秘密民事案件适用法律若干问题的规定》第一条规定，与技术有关的结构、原料、组分、配方、材料、样品、样式、植物新品种繁殖材料、工艺、方法或其步骤、算法、数据、计算机程序及其有关文档等信息，人民法院可以认定构成《反不正当竞争法》第九条第四款所称的技术信息。与经营活动有关的创意、管理、销售、财务、计划、样本、招投标材料、客户信息、数据等信息，人民法院可以认定构成《反不正当竞争法》第九条第四款所称的经营信息。客户信息，包括客户的名称、地址、联系方式以及交易习惯、意向、内容等信息。

对负有保密义务的劳动者，用人单位可以在劳动合同或者保密协议中与劳动者约定竞业限制条款，并约定在解除或者终止劳动合同后，在竞业限制期限内按月给予劳动者经济补偿。劳动者违反竞业限制约定的，应当按照约定向用人单位支付违约金。

拓展适用

《劳动合同法》
第二十三条至第二十四条

案例精析

1. 卫浴公司诉黄某某劳动争议案

来源：广东高院发布一批劳动争议典型案例 [1]

裁判要点

黄某某为案外某厨卫公司的股东、法定代表人，2021 年 10

---

[1] 参见"广东省高级人民法院"微信公众号，https：//mp.weixin.qq.com/s/f4pKo7L-nkHm7VTIOlLtGw，2023 年 7 月 31 日访问。

月 21 日，黄某某与卫浴公司签订劳动合同，合同有保守公司商业秘密的约定。上班第一天，黄某某就将公司电脑中 1000 多份文件上传至其个人网盘，包括产品高清图、报关单、对外贸易经营者备案登记表等。10 月 23 日，黄某某从卫浴公司离职，遂成讼。

法院经审理认为，用人单位和劳动者可以在劳动合同中约定保密条款，劳动者对在工作中获知的商业秘密有保密义务，若公开、披露、使用或允许他人使用用人单位商业秘密的，应承担相应的民事责任。黄某某身为与卫浴公司经营业务有竞争关系的其他公司股东、法定代表人，隐瞒身份入职，将包含卫浴公司商业秘密的内部资料上传至其个人网盘，违反双方有关保密义务的约定，应当承担违约责任。综合双方约定和黄某某的行为情节，判令黄某某向卫浴公司赔偿 50000 元。

2. 纪某等侵犯商业秘密案

案号：（2021）沪 0115 刑初 5190 号
来源：人民法院案例库 2023-09-1-162-020

裁判要点

（1）对犯侵犯商业秘密罪的罪犯宣告缓刑，基于预防再犯罪的需要，可以根据犯罪情况适用禁止令，禁止其在缓刑考验期限内从事与涉案商业秘密相关的生产经营活动。

（2）在决定是否宣告禁止令时，可以综合考量下列因素：①所掌握的商业秘密的类型、数量；②所掌握的商业秘密的价值，对被害单位未来生产经营的影响程度；③实施商业秘密犯罪是否违反竞业禁止、资格准入等职业要求；④再次披露、使用或许可他人使用商业秘密的可能性和便利性；⑤是否存在与所实施商业秘密犯罪密切相关的上下游产业链；⑥再犯可能给被害单位、所在行业或公共利益导致的后果。

3. 伍某、李某等侵犯商业秘密、侵犯著作权案

案号：（2012）刑终字第 5321 号
来源：人民法院案例库 2023-09-1-162-016

裁判要点

商业秘密权利单位的雇员违反与单位的保密协议约定，向他人泄露作为本单位商业秘密的网络游戏源代码，给单位造成重大经济损失的，应按侵犯商业秘密罪论处。未经著作权人许可，将非法获取的他人网络游戏源代码编译成网络私服游戏软件并运营以营利，或受让经营网络游戏私服网站的，均应按侵犯著作权罪论处。商业秘密权利人损失数额难以计算的，可根据侵权人在侵权期间因侵犯商业秘密的违法所得认定。

劳动合同期满或者当事人约定的劳动合同终止条件出现，劳动合同即行终止。

要点注释

实践中需要注意，根据《妇女权益保障法》第四十八条的规定，女职工在怀孕以及依法享受产假期间，劳动（聘用）合同或者服务协议期满的，劳动（聘用）合同或者服务协议期限自动延续至产假结束。但是，用人单位依法解除、终止劳动（聘用）合同、服务协议，或者女职工依法要求解除、终止劳动（聘用）合同、服务协议的除外。

拓展适用

《劳动合同法》
第四十四条至第四十五条
《劳动合同法实施条例》
第十三条、第二十一条

案例精析

1. 张某诉上海某国际货物运输代理有限公司劳动合同纠纷案

案号：（2021）沪 01 民终 10455 号
来源：人民法院案例库 2023-07-2-186-005

裁判要点

劳动合同到期终止后，用人单位主张无须支付经济补偿金的，应就其以维持或者提高劳动合同约定的条件续订劳动合同而劳动者不同意续订承担举证责任。续订条件是否相对维持或提高的识别应以原合同终止前所达成的约定条件为基准。劳动者因不满降薪决定而拒绝续订合同，用人单位需举证证明双方就此达成一致或者降薪具备合理性，否则用人单位以劳动者不同意续订为由主张无须支付经济补偿金的，人民法院不予支持。

2. 北京某贸易有限公司诉王某劳动合同纠纷案

案号：（2021）京 02 民终 12085 号

来源：人民法院案例库 2023-07-2-186-004

裁判要点

（1）解除或终止劳动合同经济补偿是用人单位在非因劳动者主观过错的情况下解除劳动合同时，为保障劳动者在离职后一段时间内的生活，依法需一次性支付给劳动者的补偿。在用人单位、劳动者签订《解除劳动合同协议书》已经解除劳动关系且协议目的已经达成的情况下，经济补偿金的给付具有必要性和确定性，用人单位应当根据协议约定向劳动者支付解除劳动关系经济补偿金。

（2）用人单位与劳动者可以在离职协议中约定经济补偿金的支付附条件，但该条件应以达成双方解除劳动关系为目的，限于对劳动者解除劳动合同之前已发生的工作或者行为成就与否的约定，同时不违反法律、行政法规的强制性规定，且不存在欺诈、胁迫或者乘人之危的情形。

（3）在用人单位与劳动者解除劳动合同后，竞业限制主要约束劳动者离职后的行为，在经济补偿金支付时间到来时劳动者能否履行竞业限制义务具有不确定性。劳动者竞业限制义务的承担通常由保密及竞业禁止协议规制，法律亦对劳动者违反竞业限制义务应承担的赔偿责任作出规定。用人单位主张以劳动者离职后履行保密、竞业限制等义务作为支付解除劳动合同经济补偿金条件的，人民法院不予支持。

第二十四条 【劳动合同的合意解除】

经劳动合同当事人协商一致，劳动合同可以解除。

要点注释

　　本条是关于劳动合同合意解除的规定。按照法律规定，劳动合同订立之后，双方当事人都应当认真履行，任何一方不得因后悔或者难以履行而擅自解除劳动合同。但是如果发生特殊情况，使继续履行合同不可能、没有必要或者会招致一方或者双方利益的损害时，法律规定可以解除劳动合同。解除劳动合同，是指在劳动合同订立后，尚未履行或者未全部履行之前，由于一定情况的变化而提前终止劳动合同。劳动合同的解除分为法定解除和约定解除两种。根据《劳动法》的规定，劳动合同既可以由单方依法解除，也可以由双方协商解除。解除劳动合同后，合同未履行的部分不再履行，对当事人不再发生法律效力。

拓展适用

《民法典》
第五百六十二条

《劳动合同法》
第三十六条

张某诉某劳务服务有限公司、某工业有限公司劳动合同纠纷案

案号：（2015）沪二中民三（民）终字第 962 号
来源：人民法院案例库 2023-07-2-186-006

裁判要点

1. 用人单位安排从事接触职业病危害的作业的劳动者进行离岗职业健康检查是其法定义务，劳动者未明确已经知晓并放弃离岗前职业健康检查的权利的，该项义务并不因劳动者与用人单位协商一致解除劳动合同而免除。用人单位与劳动者协商一致解除劳动合同的，解除协议应认定无效。

2. 在劳动者职业病鉴定结论未作出之前，双方的劳动关系并不因协议解除或者劳动合同到期终止。在经过职业病认定及劳动能力鉴定后，如妨碍双方劳动合同解除或者终止的情形均已消失，而用人单位亦无继续履行或者续订的意思表示，在符合终止劳动合同条件的情况下，双方的劳动关系可于劳动者职业病致残程度鉴定结果出具之日依法终止。

第二十五条　【过失性辞退】

劳动者有下列情形之一的，用人单位可以解除劳动合同：

（一）在试用期间被证明不符合录用条件的；

（二）严重违反劳动纪律或者用人单位规章制度的；

（三）严重失职，营私舞弊，对用人单位利益造成重大损害的；

（四）被依法追究刑事责任的。

要点注释

因为企业类型各有不同，对本条中"重大损害"的界定也千差万别，应由企业内部规章来规定，立法机关没有作统一解释。若用人单位以此为由解除劳动合同，与劳动者发生劳动争议，当事人向劳动争议仲裁委员会申请仲裁的，由劳动争议仲裁委员会根据企业类型、规模和损害程度等情况，对企业规章中规定的"重大损害"进行认定。

⬢思维导图

用人单位解除劳动合同的情形
- 在试用期间被证明不符合录用条件的
- 严重违反劳动纪律或者用人单位规章制度的
- 严重失职，营私舞弊，对用人单位利益造成重大损害的
- 劳动者同时与其他用人单位建立劳动关系，对完成本单位的工作任务造成严重影响，或者经用人单位提出，拒不改正的
- 以欺诈、胁迫的手段或者乘人之危，使对方在违背真实意思的情况下订立或者变更劳动合同致使劳动合同无效的
- 被依法追究刑事责任的

1. 唐某诉重庆某工业有限公司劳动合同纠纷案

案号：（2020）渝民再 92 号

来源：人民法院案例库 2023-16-2-186-004

裁判要点

依据《劳动合同法》第九十七条第三款之规定，在劳动合同法实施前，只要当时有支付经济补偿金的规定，用人单位就应当支付经济补偿金。若用人单位存在《劳动法》第九十一条规定的损害劳动者合法权益的情形，除非劳动者是在试用期内解除合同，否则用人单位应支付自入职之日起至劳动合同法实施之日止的经济补偿金。

2. 北京某制药公司诉李某某劳动合同纠纷案

案号：（2017）京 01 民终 4436 号

来源：人民法院案例库 2023-07-2-186-003

裁判要点

用人单位以劳动者违反规章制度为由解除劳动合同，应审查劳动者的行为是否严重违反公司规章制度，给用人单位业务造成严重影响或损失，或者对他人造成严重人身、财产损失。在用人单位规章制度设置了纪律处分类别的情况下，应判断劳动者的行为属于规章制度中的哪一具体情形及其行为后果，同时考量劳动者的工作岗位和职责要求，判定解除劳动合同的合法性。如果劳动者违反规章制度的行为并未达到规章制度规定的应予解除劳动关系的严重程度，用人单位不能以此为由解除劳动合同。

3. 何某诉某商务服务公司、某商务服务公司广州分公司确认劳动关系纠纷案

案号：（2022）粤 01 民终 6300 号

来源：人民法院案例库 2023-11-2-490-001

裁判要点

劳动者人格及经济从属性是认定劳动关系最核心的标准。判断互联网平台用工是否构成劳动关系，应以事实为基础，审查双方是否符合劳动关系核心特征；对于适格主体之间，平台企业的指挥、管理与监督权具有决定作用，从业者无实质自主决定权，从业者获得的报酬为其主要经济来源且具有持续稳定特点，其提供的劳动是平台企业的业务组成部分的，应认定双方存在劳动关系。从业者应平台企业要求注册个体工商户、自备部分生产资料、薪酬由其他主体代发、双方事先对身份关系性质进行约定等均不影响劳动关系的认定。

第二十六条 【非过失性辞退】

有下列情形之一的，用人单位可以解除劳动合同，但是应当提前三十日以书面形式通知劳动者本人：

（一）劳动者患病或者非因工负伤，医疗期满后，不能从事原工作也不能从事由用人单位另行安排的工作的；

（二）劳动者不能胜任工作，经过培训或者调整工作岗位，仍不能胜任工作的；

（三）劳动合同订立时所依据的客观情况发生重大变化，致使原劳动合同无法履行，经当事人协商不能就变更劳动合同达成协议的。

> 根据《企业职工患病或非因工负伤医疗期规定》，是指企业职工因患病或非因工负伤停止工作治病休息不得解除劳动合同的时限。
>
> 是指不能按要求完成劳动合同中约定的任务或者同工种、同岗位人员的工作量。
>
> 是指发生不可抗力或出现致使劳动合同全部或部分条款无法履行的其他情况，如企业迁移、被兼并、企业资产转移等，并且排除《劳动法》第二十七条所列的客观情况。

要点注释

本条规定的是用人单位的非过失解除劳动合同。这种情况下劳动合同的解除，不是因为劳动者存在过错，而是客观情况的变化使劳动合同无法履行。对于这种情形下的解除，《劳动合同法》与《劳动法》的规定基本相同。

拓展适用

《劳动合同法》

第四十条

《劳动合同法实施条例》

第十九条

第二十七条 【用人单位经济性裁员】

用人单位濒临破产进行法定整顿期间或者生产经营状况发生严重困难，确需裁减人员的，应当提前三十日向工会或者全体职工说明情况，听取工会或者职工的意见，经向劳动行政部门报告后，可以裁减人员。

用人单位依据本条规定裁减人员，在六个月内录用人员的，应当优先录用被裁减的人员。

要点注释

本条是关于企业经济性裁员的规定。"法定整顿期间"是指依据《企业破产法》的破产程序进入的整顿期间。"生产经营状况发生严重困难"，可以根据地方政府规定的困难企业标准来界定。"报告"是指说明情况，无批准的含义。"优先录用"是指同等条件下优先录用。

对于经济性裁员的条件和适用情形，《劳动合同法》作出了更为详细的规定，根据《劳动合同法》第四十一条的规定，有下列情形之一，需要裁减人员二十人以上或者裁减不足二十人但占企业职工总数百分之十以上的，用人单位提前三十日向工会或者全体职工说明情况，听取工会或者职工的意见后，裁减人员方案经向劳动行政部门报告，可以裁减人员：（1）依照《企业破产法》规定进行重整的；（2）生产经营发生严重困难的；（3）企业转产、重大技术革新或者经营方式调整，经变更劳动合同后，仍需裁减人员的；（4）其他因劳动合同订立时所依据的客观经济情况发生重大变化，致使劳动合同无法履行的。

拓展适用

《劳动合同法》
第四十一条

第二十八条 【用人单位解除劳动合同的经济补偿】

用人单位依据本法第二十四条、第二十六条、第二十七条的规定解除劳动合同的，应当依照国家有关规定给予经济补偿。

要点注释

本条是关于用人单位解除劳动合同的情况下对劳动者进行经济补偿的规定。本条中的"依照国家有关规定"是指国家法律、法规和部门规章及其他规范性文件。《劳动合同法》关于经济补偿的规定，不仅限于解除劳动合同的经济补偿，还包括终止劳动合同的经济补偿。根据《劳动合同法》第四十六条规定，有下列情形之一的，用人单位应当向劳动者支付经济补偿：（1）劳动者依照《劳动合同法》第三十八条规定解除劳动合同的；（2）用人单位依照《劳动合同法》第三十六条（协商解除劳动合同的情形，对应《劳动法》第二十四条）规定向劳动者提出解除劳动合同并与劳动者协商一致解除劳动合同的；（3）用人单位依照《劳动合同法》第四十条（无过失辞退的情形，对应于劳动法第二十六条）规定解除劳动合同的；（4）用人单位依照《劳动合同法》第四十一条第一款（经济性裁员的情形，对应《劳动法》第二十七条）规定解除劳动合同的；（5）除用人单位维持或者提高劳动合同约定条件续订劳动合同，劳动者不同意续订的情形外，依照《劳动合同法》第四十四条第一项规定终止固定期限劳动合同的；（6）依照劳动合同法第四十四条第四项、第五项规定终止劳动合同的；（7）法律、行政法规规定的其他情形。

拓展适用

《劳动合同法》
第四十六条至第四十七条

《劳动合同法实施条例》
第十四条、第二十条、第二十二条、第二十三条、第二十七条

北京某贸易有限公司诉王某劳动合同纠纷案

案号：（2021）京 02 民终 12085 号

来源：人民法院案例库 2023-07-2-186-004

裁判要点

解除或终止劳动合同经济补偿是用人单位在非因劳动者主观过错的情况下解除劳动合同时，为保障劳动者在离职后一段时间内的生活，依法需一次性支付给劳动者的补偿。在用人单位、劳动者签订《解除劳动合同协议书》已经解除劳动关系且协议目的已经达成的情况下，经济补偿金的给付具有必要性和确定性，用人单位应当根据协议约定向劳动者支付解除劳动关系经济补偿金。

2. 用人单位与劳动者可以在离职协议中约定经济补偿金的支付附条件，但该条件应以达成双方解除劳动关系为目的，限于对劳动者解除劳动合同之前已发生的工作或者行为成就与否的约定，同时不违反法律、行政法规的强制性规定，且不存在欺诈、胁迫或者乘人之危的情形。

3. 在用人单位与劳动者解除劳动合同后，竞业限制主要约束劳动者离职后的行为，在经济补偿金支付时间到来时劳动者能否履行竞业限制义务具有不确定性。劳动者竞业限制义务的承担通常由保密及竞业禁止协议规制，法律亦对劳动者违反竞业限制义务应承担的赔偿责任作出规定。用人单位主张以劳动者离职后履行保密、竞业限制等义务作为支付解除劳动合同经济补偿金条件的，人民法院不予支持。

劳动者有下列情形之一的，用人单位不得依据本法第二十六条、第二十七条的规定解除劳动合同：

（一）患职业病或者因工负伤并被确认丧失或者部分丧失劳动能力的；

（二）患病或者负伤，在规定的医疗期内的；

（三）女职工在孕期、产期、哺乳期内的；

（四）法律、行政法规规定的其他情形。

要点注释

本条是关于用人单位不得解除劳动合同的情形的规定。其中，第一项、第二项、第三项之所以以法律的形式规定不得解除劳动合同，是为了保证劳动者在特殊情况下的权益不受侵害。在第二项、第三项规定的情形下劳动合同到期的，应延续劳动合同到医疗期满或女职工"三期"届满为止。

另外需要注意，《劳动合同法》对此有进一步规定，劳动者有下列情形之一的，用人单位不得依照《劳动合同法》第四十条、第四十一条的规定解除劳动合同：（1）从事接触职业病危害作业的劳动者未进行离岗前职业健康检查，或者疑似职业病病人在诊断或者医学观察期间的；（2）在本单位患职业病或者因工负伤并被确认丧失或者部分丧失劳动能力的；（3）患病或者非因工负伤，在规定的医疗期内的；（4）女职工在孕期、产期、哺乳期的；（5）在本单位连续工作满十五年，且距法定退休年龄不足五年的；（6）法律、行政法规规定的其他情形。

但是，这些特殊情形并未排除依据《劳动法》第二十五条、《劳动合同法》第三十九条的规定解除劳动合同，也就是说，劳动者虽然有上述规定的情形，但是如果其又具备《劳动法》第二十五条或者《劳动合同法》第三十九条规定的情形之一的，用人单位仍然可以解除劳动合同。

拓展适用

《劳动合同法》
第四十二条

案例精析

1. 梁某诉南京某餐饮管理有限公司劳动争议案

来源：《最高人民法院公报》2013 年第 6 期

裁判要点

患有癌症、精神病等难以治疗的特殊疾病的劳动者，应当享受二十四个月的医疗期。医疗期内劳动合同期满，劳动合同应当延续至医疗期满时终止。用人单位在医疗期内违法解除或者终止劳动合同，劳动者起诉要求继续履行劳动合同的，人民法院应当判决撤销用人单位的解除或者终止通知书。

2. 张某诉某劳务服务有限公司、某工业有限公司劳动合同纠纷案

案号：（2015）沪二中民三（民）终字第 962 号
来源：人民法院案例库 2023-07-2-186-006

裁判要点

（1）用人单位安排从事接触职业病危害的作业的劳动者进行离岗职业健康检查是其法定义务，劳动者未明确已知晓并放弃离岗前职业健康检查的权利的，该项义务并不因劳动者与用人单位协商一致解除劳动合同而免除。用人单位与劳动者协商一致解除劳动合同的，解除协议应认定无效。

（2）在劳动者职业病鉴定结论未作出之前，双方的劳动关系并不因协议解除或者劳动合同到期终止。在经过职业病认定及劳动能力鉴定后，如妨碍双方劳动合同解除或者终止的情形均已消失，而用人单位亦无继续履行或者续订的意思表示，在符合终止劳动合同条件的情况下，双方的劳动关系可于劳动者职业病致残程度鉴定结果出具之日依法终止。

3. 陆某诉某轧钢作业服务有限公司劳动合同纠纷案

案号：（2018）沪 02 民终 2013 号
来源：人民法院案例库 2023-07-2-186-007

裁判要点

《职业病防治法》明确，用人单位应当采取措施保障劳动者获得职业卫生保护，并对本单位产生的职业病危害承担责任。用人单位的保障义务包括对从事接触职业病危害作业的劳动者进行上岗前、在岗期间和离岗时的职业健康检查。对未进行离岗前职业健康检查的劳动者不得解除或者终止与其订立的劳动合同。对用人单位在劳动者离职前拖延履行相应的义务，在劳动者离职后被认定职业病时，又以双方劳动合同已经终止或者劳动者在外有过就业行为为由逃避履行《职业病防治法》中相关义务的，应结合过错程度，分析职业病认定结论的时间先后、劳动合同终止的原因以及劳动者在外就业等因素进行综合判断。处理结果应既能保障职业病患者的生存和康复，又能起到惩戒用人单位违法行为、引导规范用工的作用。

第三十条 【工会对用人单位解除劳动合同的监督权】

用人单位解除劳动合同，工会认为不适当的，有权提出意见。如果用人单位违反法律、法规或者劳动合同，工会有权要求重新处理；劳动者申请仲裁或者提起诉讼的，工会应当依法给予支持和帮助。

要点注释

本条规定的是工会对用人单位解除劳动合同的监督权。根据《工会法》第二十一条和《劳动合同法》第四十三条的规定，用人单位单方面解除劳动合同的，应当事先将理由通知工会，工会认为用人单位违反法律法规和有关合同，要求重新研究处理的，用人单位应当研究工会的意见，并将处理结果书面通知工会。劳动者认为，企业侵犯其劳动权益而申请劳动争议仲裁或者向人民法院提起诉讼的，工会应当予以支持和帮助。可见，《劳动合同法》和《工会法》将《劳动法》这一规定进行了细化。

拓展适用

《劳动合同法》
第四十三条

《劳动保障监察条例》
第七条

第三十一条 【劳动者单方解除劳动合同】

劳动者解除劳动合同，应当提前三十日以书面形式通知用人单位。

要点注释

本条是对劳动者单方解除劳动合同的时间和形式方面的要求。劳动者解除劳动合同，应当提前三十日以书面形式通知用人单位。劳动者提前三十日以书面形式通知用人单位，既是解除劳动合同的程序，也是解除劳动合同的条件。劳动者提前三十日以书面形式通知用人单位，解除劳动合同，无须征得用人单位的同意。超过三十日，劳动者向用人单位提出办理解除劳动合同的手续，用人单位应予以办理。提前期不足三十日，劳动者以书面形式通知用人单位要求解除劳动合同，用人单位可以不予办理。劳动者违反劳动合同有关约定而给用人单位造成经济损失的，应依据有关法律、法规、规章的规定和劳动合同的约定，由劳动者承担赔偿责任。劳动者单方解除劳动合同的，必须提前三十日通知用人单位，并且只能采取书面的形式，而不能采取口头形式。

值得注意的是，根据《劳动合同法》规定，如果劳动者是在试用期内解除劳动合同，则提前三日通知用人单位即可，而且没有书面形式的强制性要求。

拓展适用

《劳动合同法》
第三十七条

《劳动合同法实施条例》
第十八条

有下列情形之一的，劳动者可以随时通知用人单位解除劳动合同：

（一）在试用期内的；

（二）用人单位以暴力、威胁或者非法限制人身自由的手段强迫劳动的；

（三）用人单位未按照劳动合同约定支付劳动报酬或者提供劳动条件的。

▶是指对劳动者实施捆绑、拉拽、殴打、伤害等行为。

▶是指采用拘留、禁闭或其他强制方法非法剥夺或限制他人按照自己的意志支配自己的身体活动自由的行为。

▶是指对劳动者施以暴力威胁或者其他强迫手段。

要点注释

本条是对劳动者无条件解除劳动合同的规定。对于劳动者无条件解除劳动合同的情形，《劳动法》规定得比较简单，《劳动合同法》予以了细化。根据《劳动合同法》第三十八条第一款规定，用人单位有下列情形之一的，劳动者可以解除劳动合同：（1）未按照劳动合同约定提供劳动保护或者劳动条件的；（2）未及时足额支付劳动报酬的；（3）未依法为劳动者缴纳社会保险费的；（4）用人单位的规章制度违反法律、法规的规定，损害劳动者权益的；（5）因《劳动合同法》第二十六条第一款规定的情形致使劳动合同无效的；（6）法律、行政法规规定劳动者可以解除劳动合同的其他情形。《劳动合同法》第三十八条第二款规定，用人单位以暴力、威胁或者非法限制人身自由的手段强迫劳动者劳动的，或者用人单位违章指挥、强令冒险作业危及劳动者人身安全的，劳动者可以立即解除劳动合同，不需事先告知用人单位。

拓展适用

《劳动合同法》

第三十八条

《劳动合同法实施条例》

第十八条

企业职工一方与企业可以就劳动报酬、工作时间、休息休假、劳动安全卫生、保险福利等事项，签订集体合同。集体合同草案应当提交职工代表大会或者全体职工讨论通过。

集体合同由工会代表职工与企业签订；没有建立工会的企业，由职工推举的代表与企业签订。

▶是指企业工会或者职工推举的代表（没有建立工会的企业）。

▶主要是指国家基本社会保险之外的企业补充保险和职工福利。国家基本社会保险依照法律、法规规定执行。

要点注释

本条是关于集体劳动合同的规定。集体合同，又称团体协约、集体协议、团体协议、团体契约等，是集体协商双方代表根据法律、法规的规定就劳动报酬、工作时间、休息休假、劳动安全卫生、保险福利等事项在平等协商一致基础上签订的书面协议。

集体合同有以下特征：第一，集体合同是最低标准合同。集体合同是就劳动报酬、工作时间、休息休假、劳动安全卫生、保险福利等事项的最低标准和企业达成的协议，企业和职工个人签订的劳动合同所定的各种待遇不得低于集体合同的标准。第二，集体合同规定企业承担的义务都具有法律性质，企业不履行义务，就要承担相应的法律责任。第三，集体合同是要式合同。集体合同要以书面形式签订。

▲思维导图

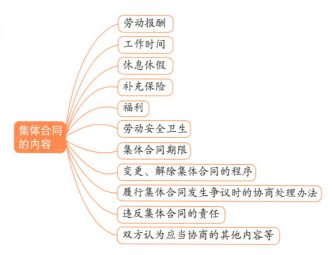

集体合同的内容
- 劳动报酬
- 工作时间
- 休息休假
- 补充保险
- 福利
- 劳动安全卫生
- 集体合同期限
- 变更、解除集体合同的程序
- 履行集体合同发生争议时的协商处理办法
- 违反集体合同的责任
- 双方认为应当协商的其他内容等

第三十四条 【集体合同的审查】

集体合同签订后应当报送劳动行政部门；劳动行政部门自收到集体合同文本之日起十五日内未提出异议的，集体合同即行生效。

要点注释

本条是关于集体合同审查的具体规定。对此，《集体合同规定》进行了细化。集体合同或专项集体合同签订或变更后，应当自双方首席代表签字之日起十日内，由用人单位一方将文本一式三份报送劳动保障行政部门审查。劳动保障行政部门对报送的集体合同或专项集体合同应当办理登记手续。集体合同或专项集体合同审查实行属地管辖，具体管辖范围由省级劳动保障行政部门规定。中央管辖的企业以及跨省、自治区、直辖市的用人单位的集体合同应当报送劳动保障部或劳动保障部指定的省级劳动保障行政部门。集体合同订立后应当报送劳动行政部门，这是法定程序，也是集体合同生效条件。劳动行政部门有审查集体合同内容是否合法的责任，如果发现集体合同内容有违法、失实等情况，不予登记或暂缓登记，发回企业对集体合同进行修正。

拓展适用

《劳动合同法》
第五十四条

《集体合同规定》
第四十二条至第四十八条

第三十五条 【集体合同的效力】

依法签订的集体合同对企业和企业全体职工具有约束力。职工个人与企业订立的劳动合同中劳动条件和劳动报酬等标准不得低于集体合同的规定。

要点注释

本条是关于集体劳动合同效力的规定。集体合同依法签订后，对企业和全体职工具有约束力。集体合同的履行和其他合同一样，应当坚持实际履行、全面履行和协作履行的原则。集体合同的履行，应当针对不同的合同条款采用不同的履行方式。集体合同中规定的有关劳动标准方面的条款，主要要求当事人在集体合同的有效期内按照集体合同规定的各项标准签订个人劳动合同，保证个人劳动合同的劳动标准不低于集体合同规定的标准。对于目标性条款，当事人应当按照要求，自觉地履行各自的义务。

另外，对于集体劳动合同中劳动报酬、劳动条件的标准，《劳动合同法》不仅要求职工个人与企业订立的劳动合同中的劳动条件和劳动报酬标准不低于集体劳动合同的规定，而且要求集体劳动合同的劳动报酬和劳动条件标准不低于当地人民政府规定的最低标准。

拓展适用

《劳动合同法》
第五十五条至第五十六条

《工会法》
第二十一条

第四章　工作时间和休息休假

第三十六条 【标准工作时间】

国家实行劳动者每日工作时间不超过八小时、平均每周工作时间不超过四十四小时的工时制度。

要点注释

本条是关于标准工作时间的规定。《劳动法》规定的标准工作时间为每天不超过八小时，平均每周不超过四十四小时。根据《国务院关于职工工作时间的规定》第三条规定，职工每日工作 8 小时，每周工作 40 小时。

拓展适用

《关于职工全年月平均工作时间和工资折算问题的通知》

《国务院关于职工工作时间的规定》
第三条

⬢ 思维导图

工作时间的认定方法及特征

- 工作时间是法定的。即工作时间往往由法律进行限制，用人单位安排劳动者工作不能突破法律的限制
- 工作时间不限于实际工作时间，还包括工作准备时间和交接班时间，以及中间休息时间、女职工哺乳时间、出差时间等。劳动者由用人单位安排从事其他工作的，也包括在工作时间之内
- 工作时间是劳动者履行劳动义务的时间。根据劳动合同，劳动者必须为用人单位劳动，劳动者为用人单位劳动的时间即为工作时间
- 工作时间是用人单位计发劳动者报酬的依据之一。劳动者没有按劳动合同进行足够时间的劳动，其工资福利待遇往往受到影响。劳动者加班加点依照规定可得到加班工资

1. 劳动者拒绝违法超时加班安排，用人单位能否解除劳动合同

来源：劳动人事争议典型案例（第二批）①

本案的争议焦点是张某拒绝违法超时加班安排，某快递公司能否与其解除劳动合同。

《劳动法》第四十一条规定："用人单位由于生产经营需要，经与工会和劳动者协商后可以延长工作时间，一般每日不得超过一小时；因特殊原因需要延长工作时间的，在保障劳动者身体健康的条件下延长工作时间每日不得超过三小时，但是每月不得超过三十六小时。"第四十三条规定："用人单位不得违反本法规定延长劳动者的工作时间。"《劳动合同法》第二十六条规定："下列劳动合同无效或者部分无效：……（三）违反法律、行政法规强制性规定的。"为确保劳动者休息权的实现，我国法律对延长工作时间的上限予以明确规定。用人单位制定违反法律规定的加班制度，在劳动合同中与劳动者约定违反法律规定的加班条款，均应认定为无效。

本案中，某快递公司规章制度中"工作时间为早9时至晚9时，每周工作6天"的内容，严重违反法律关于延长工作时间上限的规定，应认定为无效。张某拒绝违法超时加班安排，系维护

自己合法权益，不能据此认定其在试用期间被证明不符合录用条件。故仲裁委员会依法裁决某快递公司支付张某违法解除劳动合同赔偿金。

《劳动法》第四条规定："用人单位应当依法建立和完善规章制度，保障劳动者享有劳动权利和履行劳动义务。"法律在支持用人单位依法行使管理职权的同时，也明确其必须履行保障劳动者权利的义务。用人单位的规章制度以及相应工作安排必须符合法律、行政法规的规定，否则既要承担违法后果，也不利于构建和谐稳定的劳动关系、促进自身健康发展。

---

① 参见最高人民法院网站，https://www.court.gov.cn/zixun/xiangqing/319151.html，2024 年 10 月 22 日访问。

对实行计件工作的劳动者，用人单位应当根据本法第三十六条规定的工时制度合理确定其劳动定额和计件报酬标准。

要点注释

本条是关于计件工作的情形下确定劳动者工作定额和报酬标准的规定。实行计件工作的劳动者拿到的是计件工资。计件工资是指对已做工作按计件单价支付的劳动报酬，包括：（1）实行超额累进计件、直接无限计件、限额计件、超定额计件等工资制，按劳动部门或主管部门批准的定额和计件单价支付给个人的工资；（2）按工会任务包干方法支付给个人的工资；（3）按营业额提成或利润提成办法支付给个人的工资。

第三十八条　【劳动者的周休日】

用人单位应当保证劳动者每周至少休息一日。

要点注释

本条是关于劳动者休息日的规定。本条中的休息日，又称公休假日，是劳动者工作一周之后的休息时间。有的企业因生产、工作需要，必须连续工作，应按照本条规定予以统筹安排，保证劳动者每周至少休息一天，即至少有一次二十四小时不间断的休息。有的企业因工作特殊，劳动者不能在休息日休息的，企业应当安排轮流工作制度，给予劳动者相等时间的补休。按照国家现行的劳动工时制度，一个工作周为七天，即工作五天，可以休息二天。

拓展适用

《国务院关于职工工作时间的规定》

案例精析

加班费的仲裁时效应当如何认定

来源：劳动人事争议典型案例（第二批）①

裁判要点

本案中，某建筑公司主张张某加班费的请求已经超过了一年的仲裁时效，不应予以支持。人民法院认为，张某与某建筑公司的劳动合同于 2019 年 2 月解除，其支付加班费的请求应自劳动合同解除之日起一年内提出，张某于 2019 年 12 月提出仲裁申请，其请求并未超过仲裁时效。根据劳动保障监察机构在执法中调取的工资表上的考勤记录，人民法院认定张某存在加班的事实，判决某建筑公司支付张某加班费。

---

① 参见最高人民法院网站，https://www.court.gov.cn/zixun/xiangqing/319151.html，2024 年 10 月 22 日访问。

第三十九条 【其他工时制度】

企业因生产特点不能实行本法第三十六条、第三十八条规定的，经劳动行政部门批准，可以实行其他工作和休息办法。

要点注释

对于实行不定时工作制的劳动者，企业应当根据标准工时制度合理确定劳动者的劳动定额或其他考核标准，以便安排劳动者休息。其工资由企业按照本单位的工资制度和工资分配办法，根据劳动者的实际工作时间和完成劳动定额情况计发。对于符合带薪年休假条件的劳动者，企业可安排其享受带薪年休假。

拓展适用

《劳动法》
第三十九条
《关于企业实行不定时工作制和综合计算工时工作制的审批办法》
第四条至第六条

第四十条 【法定休假节日】

用人单位在下列节日期间应当依法安排劳动者休假：

（一）元旦；

（二）春节；

（三）国际劳动节；

（四）国庆节；

（五）法律、法规规定的其他休假节日。

拓展适用

《全国年节及纪念日放假办法》

案例精析

用人单位以规章制度形式否认劳动者加班事实是否有效

来源：劳动人事争议典型案例（第二批）[①]

裁判要点

劳动争议案件的处理，既要保护劳动者的合法权益，亦应促进企业有序发展。合法的规章制度既能规范用人单位的用工自主权的行使，又能保障劳动者参与用人单位的民主管理，实现构建和谐劳动关系的目的。不合理的规章制度则会导致用人单位的社会声誉差、认同感低，最终引发人才流失，不利于用人单位的长远发展。用人单位制定合理合法的规章制度，可以作为确定用人单位、劳动者权利义务的依据。一旦用人单位以规章制度形式规避应当承担的用工成本，侵害劳动者的合法权益，仲裁委员会、人民法院应当依法予以审查，充分保护劳动者的合法权益。用人单位应当根据单位实际，制定更为人性化的规章制度，增强劳动者对规章制度的认同感，激发劳动者的工作积极性，从而进一步减少劳动纠纷，为构建和谐劳动关系做出贡献。

[①] 参见最高人民法院网站，https://www.court.gov.cn/zixun/xiangqing/319151.html，2024 年 10 月 22 日访问。

第四十一条 【延长工作时间】

　　用人单位由于生产经营需要，经与工会和劳动者协商后可以延长工作时间，一般每日不得超过一小时；因特殊原因需要延长工作时间的，在保障劳动者身体健康的条件下延长工作时间每日不得超过三小时，但是每月不得超过三十六小时。

要点注释

　　延长工作时间，是指工作时间超出法定正常界限在休息时间范围内的延伸，即职工在正常工作时间以外应当休息的时间内进行工作。为保障劳动者的身体健康，国家对延长工作时间的条件有严格规定：延长工作时间是"由于生产经营需要"和"因特殊原因"。生产经营需要主要是指紧急生产任务；因特殊原因主要是指由于生产经营需要，按照法定工作时间工作后，仍不能完成紧急生产任务的情形，延长工作时间可以超过一小时，但每日不得超过三小时，月总计不得超过三十六小时。

拓展适用

《劳动合同法》
第三十一条

《国务院关于职工工作时间的规定》
第六条

⬆思维导图

延长工作时间需要符合的条件及禁止性规定
- 需符合条件
  - 生产经营需要——紧急生产任务等
  - 用人单位已与工会和劳动者协商
  - 禁止安排怀孕7个月以上的女职工及哺乳期的女职工延长工作时间
  - 禁止安排未成年工延长工作时间
- 禁止性规定

案例精析

1. 劳动者与用人单位订立放弃加班费协议，能否主张加班费

来源：劳动人事争议典型案例（第二批）①

裁判要点

本案的争议焦点是张某订立放弃加班费协议后，还能否主张加班费。

《劳动合同法》第二十六条规定："下列劳动合同无效或者部分无效……（二）用人单位免除自己的法定责任、排除劳动者权利的"。《最高人民法院关于审理劳动争议案件适用法律问题的解释（一）》第三十五条规定："劳动者与用人单位就解除或者终止劳动合同办理相关手续、支付工资报酬、加班费、经济补偿或者赔偿金等达成的协议，不违反法律、行政法规的强制性规定，且不存在欺诈、胁迫或者乘人之危情形的，应当认定有效。前款协议存在重大误解或者显失公平情形，当事人请求撤销的，人民法院应予支持。"加班费是劳动者延长工作时间的工资报酬，《劳动法》第四十四条、《劳动合同法》第三十一条明确规定了用人单位支付劳动者加班费的责任。约定放弃加班费的协议免除了用人单位的法定责任、排除了劳动者权利，显失公平，应认定无效。

本案中，某科技公司利用在订立劳动合同时的主导地位，要求张某在其单方制定的格式条款上签字放弃加班费，既违反法律规定，也违背公平原则，侵害了张某工资报酬权益。故仲裁委员会依法裁决某科技公司支付张某加班费。

2. 用人单位未按规章制度履行加班审批手续，能否认定劳动者加班事实

来源：劳动人事争议典型案例（第二批）②

裁判要点

本案的争议焦点是某医药公司能否以无公司审批手续为由拒绝支付吴某加班费。

《劳动法》第四十四条规定："有下列情形之一的，用人单位应当按照下列标准支付高于劳动者正常工作时间工资的工资报酬：（一）安排劳动者延长工作时间的，支付不低于工资的百分之一百五十的工资报酬；（二）休息日安排劳动者工作又不能安排补休的，支付不低于工资的百分之二百的工资报酬。"从上述条款可知，符合"用人单位安排""法定标准工作时间以外工作"情形的，用人单位应当依法支付劳动者加班费。

本案中，吴某提交的考勤记录、与部门领导及同事的微信聊天记录、工作会议纪要等证据形成了相对完整的证据链，某医药公司亦认可上述证据的真实性。某医药公司未实际履行加班审批手续，并不影响对"用人单位安排"加班这一事实的认定。故仲裁委员会依法裁决某医药公司支付吴某加班费。

① 参见最高人民法院网站，https://www.court.gov.cn/zixun/xiangqing/319151.html，2024年10月22日访问。

② 参见最高人民法院网站，https://www.court.gov.cn/zixun/xiangqing/319151.html，2024年10月22日访问。

第四十二条 【特殊情况下的延长工作时间】

有下列情形之一的，延长工作时间不受本法第四十一条规定的限制：

（一）发生自然灾害、事故或者因其他原因，威胁劳动者生命健康和财产安全，需要紧急处理的；

（二）生产设备、交通运输线路、公共设施发生故障，影响生产和公众利益，必须及时抢修的；

（三）法律、行政法规规定的其他情形。

要点注释

本条是关于特殊情况下延长劳动时间的特殊规定。根据法律、行政法规规定的其他情形，可以不受本法第四十一条规定的限制。

⚑思维导图

特殊情况延长工作时间的类型

- 发生自然灾害、事故或者因其他原因，使人民的安全健康和国家财产遭到严重威胁，需要紧急处理的

- 生产设备、交通运输线路、公共设施发生故障，影响生产和公众利益，必须及时抢修的

- 必须利用法定节日或公休假日的停产期间进行设备检修、保养的

- 为完成国防紧急任务，或者完成上级在国家计划外安排的其他紧急生产任务，以及商业、供销企业在旺季完成收购、运输、加工农副产品紧急任务的

拓展适用

《国务院关于职工工作时间的规定》

第四十三条 【用人单位延长工作时间的禁止】

用人单位不得违反本法规定延长劳动者的工作时间。

要点注释

劳动者的身体健康和工作与生活的平衡权应得到尊重和保障。为了平衡用人单位与劳动者之间的权益，特制定本条规定。

拓展适用

《劳动合同法》
第三十一条

案例精析

秦某丹诉北京某汽车技术开发服务有限公司劳动争议纠纷案

案号：（2023）京 01 民终 6036 号
来源：人民法院案例库 2024-07-1-490-002

裁判要点

1. 代驾司机是否与平台企业存在劳动关系，应当根据用工事实和劳动管理程度，结合劳动者对工作时间及工作量的自主决定程度、劳动过程受管理控制程度、劳动者是否需要遵守劳动规章制度、劳动者工作的持续性、获取劳动报酬的方式等因素，依法审慎予以认定。

2. 对于平台企业与代驾司机约定具体工作标准、采取合理风控措施，为维护平台正常运营、提供优质服务等进行的必要运营管理的，不能认定构成支配性劳动管理。代驾司机仅据此主张其与平台企业构成劳动关系，并请求平台企业向其支付未订立书面劳动合同二倍工资差额的，人民法院不予支持。

第四十四条 【延长工作时间的工资支付】

有下列情形之一的，用人单位应当按照下列标准支付高于劳动者正常工作时间工资的工资报酬：

（一）安排劳动者延长工作时间的，支付不低于工资的百分之一百五十的工资报酬；

（二）休息日安排劳动者工作又不能安排补休的，支付不低于工资的百分之二百的工资报酬；

（三）法定休假日安排劳动者工作的，支付不低于工资的百分之三百的工资报酬。

▶是指劳动合同规定的与劳动者本人所在工作岗位（职位）相对应的工资。实行计时工资制的劳动者的日工资，按其本人月工资标准除以平均每月法定工作天数进行计算。

▶休息日安排劳动者加班工作的，应首先安排补休，不能补休时，则应支付不低于工资的百分之二百的工资报酬。补休时间应等同于加班时间。法定休假日安排劳动者加班工作的，应另外支付不低于工资的百分之三百的工资报酬，一般不安排补休。

要点注释

本条规定的是延长工作时间的情况下工资支付标准的问题。在这里，作为计算加班加点工资基数的正常工作时间工资，有日工资和小时工资两种。日工资为本人月工资标准除以平均每月法定工作天数所得的工资额；小时工资为日工资标准除以八小时所得的工资额。实行综合计算工时工作制的企业职工，工作日正好是周休息日的，属于正常工作；工作日正好是法定节假日的，要依照本条第三项的规定支付职工的工资报酬。

拓展适用

《对〈工资支付暂行规定〉有关问题的补充规定》

案例精析

1. 用人单位与劳动者约定实行包薪制，是否需要依法支付加班费

来源：劳动人事争议典型案例（第二批）①

裁判要点

本案的争议焦点是某汽车服务公司与周某约定实行包薪制，是否还需要依法支付周某加班费差额。

《劳动法》第四十七条规定："用人单位根据本单位的生产经营特点和经济效益，依法自主确定本单位的工资分配方式和工资水平。"第四十八条第一款规定，"国家实行最低工资保障制度"。《最低工资规定》第三条第一款规定："本规定所称最低工资标准，是指劳动者在法定工作时间或依法签订的劳动合同约

① 参见最高人民法院网站，https://www.court.gov.cn/zixun/xiangqing/319151.html，2024年10月22日访问。

定的工作时间内提供了正常劳动的前提下，用人单位依法应支付的最低劳动报酬。"从上述条款可知，用人单位可以依法自主确定本单位的工资分配方式和工资水平，并与劳动者进行相应约定，但不得违反法律关于最低工资保障、加班费支付标准的规定。

本案中，根据周某实际工作时间折算，即使按照当地最低工资标准认定周某法定标准工作时间工资，并以此为基数核算加班费，也超出了4000元的约定工资，则表明某汽车服务公司未依法足额支付周某加班费。故仲裁委员会依法裁决某汽车服务公司支付周某加班费差额。

包薪制是指在劳动合同中打包约定法定标准工作时间工资和加班费的一种工资分配方式，在部分加班安排较多且时间相对固定的行业中比较普遍。虽然用人单位有依法制定内部薪酬分配制度的自主权，但内部薪酬分配制度的制定和执行须符合相关法律的规定。实践中，部分用人单位存在以实行包薪制规避或者减少承担支付加班费法定责任的情况。实行包薪制的用人单位应严格按照不低于最低工资标准支付劳动者法定标准工作时间的工资，同时应按照国家关于加班费的有关法律规定足额支付加班费。

2. 处理加班费争议，如何分配举证责任

来源：劳动人事争议典型案例（第二批）[1]

裁判要点

本案的争议焦点是如何分配林某与某教育咨询公司的举证责任。

《劳动争议调解仲裁法》第六条规定："发生劳动争议，当事人对自己提出的主张，有责任提供证据。与争议事项有关的证据属于用人单位掌握管理的，用人单位应当提供；用人单位不提供的，应当承担不利后果。"《最高人民法院关于审理劳动争议案件适用法律问题的解释（一）》第四十二条规定："劳动者主张加班费的，应当就加班事实的存在承担举证责任。但劳动者有证据证明用人单位掌握加班事实存在的证据，用人单位不提供的，由用人单位承担不利后果。"从上述条款可知，主张加班费的劳动者有责任按照"谁主张谁举证"的原则，就加班事实的存在提供证据，或者就相关证据属于用人单位掌握管理提供证据。用人单位应当提供而不提供有关证据的，可以推定劳动者加班事实存在。

本案中，虽然林某提交的工资支付记录为打印件，但与实名认证的APP打卡记录互相印证，能够证明某教育咨询公司掌握加班事实存在的证据。某教育咨询公司虽然不认可上述证据的真实性，但未提交反证或者作出合理解释，应承担不利后果。故仲裁委员会依法裁决某教育咨询公司支付林某加班费。

我国劳动法律将保护劳动者的合法权益作为立法宗旨之一，在实体和程序方面都作出了相应规定。在加班费争议处理中，要充分考虑劳动者举证能力不足的实际情况，根据"谁主张谁举证"原则、证明妨碍规则，结合具体案情合理分配用人单位与劳动者的举证责任。

---

[1]　参见最高人民法院网站，https://www.court.gov.cn/zixun/xiangqing/319151.html，2024年10月22日访问。

国家实行带薪年休假制度。

劳动者连续工作一年以上的，享受带薪年休假。具体办法由国务院规定。

◆ 思维导图

带薪年休假的内容

带薪年休假的条件：机关、团体、企业、事业单位、民办非企业、有雇工的个体工商户等单位的职工连续工作一年以上的，享受带薪年休假（以下简称年休假）

休假的天数：职工累计工作已满一年不满十年的，年休假五天；已满十年不满二十年的，年休假十天；已满二十年的，年休假十五天。国家法定休假日、休息日不计入年休假的假期

不享受当年的年休假的情形
- 职工依法享受寒暑假，其休假天数多于年休假天数的
- 职工请事假累计二十天以上且单位按照规定不扣工资的
- 累计工作满一年不满十年的职工，请病假累计二个月以上的
- 累计工作满十年不满二十年的职工，请病假累计三个月以上的
- 累计工作满二十年以上的职工，请病假累计四个月以上的

年休假的安排方式——单位根据生产、工作的具体情况，并考虑职工本人意愿，统筹安排职工年休假。年休假在一个年度内可以集中安排，也可以分段安排，一般不跨年度安排。单位因生产、工作特点确有必要跨年度安排职工年休假的，可以跨一个年度安排

不安排年休假情形下对职工的补偿——单位确因工作需要不能安排职工休年休假的，经职工本人同意，可以不安排职工休年休假。对职工应休未休的年休假天数，单位应当按照该职工日工资收入的百分之三百支付年休假工资报酬

拓展适用

《职工带薪年休假条例》

《企业职工带薪年休假实施办法》

第五章　工　　资

第四十六条 【工资分配基本原则】

工资分配应当遵循按劳分配原则，实行同工同酬。

工资水平在经济发展的基础上逐步提高。国家对工资总量实行宏观调控。

要点注释

本条是关于工资分配基本原则的规定。《劳动法》中的"工资"，是指用人单位依据国家有关规定或劳动合同的约定，以货币形式直接支付给本单位劳动者的劳动报酬。"同工同酬"是指用人单位对劳动者提供的同等价值的劳动应付给同等的劳动报酬。用人单位不得在工资支付过程中，对从事相同工作、提供同等价值劳动的劳动者因其性别、民族、年龄等方面的不同而支付不等量的劳动报酬。

思维导图

工资的组成部分

- 计时工资——按计时工资标准（包括地区生活费补贴）和工作时间支付给个人的劳动报酬
- 计件工资——对已做工作按计件单价支付的劳动报酬
- 奖金——支付给职工的超额劳动报酬和增收节支的劳动报酬
- 津贴和补贴——为了补偿职工特殊或额外的劳动消耗和因其他特殊原因支付给职工的津贴，以及为了保证职工工资水平不受物价影响支付给职工的物价补贴
- 加班加点工资——按规定支付的加班工资和加点工资
- 特殊情况下支付的工资——（1）根据国家法律、法规和政策规定，因病、工伤、产假、计划生育假、婚丧假、事假、探亲假、定期休假、停工学习、执行国家或社会义务等原因按计时工资标准或计件工资标准的一定比例支付的工资；（2）附加工资、保留工资

第四十七条 【用人单位自主确定工资分配】

用人单位根据本单位的生产经营特点和经济效益，依法自主确定本单位的工资分配方式和工资水平。

要点注释

用人单位可以依法自主确定本单位的工资分配方式和工资水平。企业依法享有工资分配自主权，不仅可以自主确定本单位的工资制度和工资分配方式，而且有权自主决定工资水平。

⚠思维导图

用人单位工资分配自主权的内容
- 有权根据生产经营状况和劳动力供求关系确定本用人单位的工资水平
- 有权根据生产、工作特点，采用适合本用人单位的工资形式和分配办法
- 有权根据实际需要，调整本用人单位与职工之间的劳动关系
- 有权在国家法律、政策允许的范围内，通过增加生产、扩大经营、降低物耗等合法途径取得资金来源以增加职工的工资

第四十八条 【最低工资保障】

国家实行最低工资保障制度。最低工资的具体标准由省、自治区、直辖市人民政府规定，报国务院备案。

用人单位支付劳动者的工资不得低于当地最低工资标准。

要点注释

本条是关于最低工资的规定。最低工资是指劳动者在法定工作时间内提供了正常劳动的前提下，其所在单位应支付的最低劳动报酬。

劳动者和用人单位都要明确的是：劳动者受最低工资保障的一个前提条件是其必须履行了正常的劳动义务。正常劳动是指劳动者按依法签订的劳动合同约定，在法定工作时间或劳动合同约定的工作时间内从事的劳动。劳动者依法享受带薪年休假、探亲假、婚丧假、生育（产）假、节育手术假等国家规定的假期期间，以及法定工作时间内依法参加社会活动期间，均视为提供了正常劳动。但是，劳动者由于本人原因造成在法定工作时间内或依法签订的劳动合同约定的工作时间内未提供正常劳动的，将不适用最低工资的规定。

拓展适用

《劳动合同法》

第七十二条、第八十五条

《最低工资规定》

案例精析

唐某诉重庆某工业有限公司劳动合同纠纷案

案号：（2020）渝民再 92 号

来源：人民法院案例库 2023-16-2-186-004

裁判要点

依据《劳动合同法》第九十七条第三款之规定，在《劳动合同法》实施前，只要当时有支付经济补偿金的规定，用人单位就应当支付经济补偿金。若用人单位存在《劳动法》第九十一条规定的损害劳动者合法权益的情形，除非劳动者是在试用期内解除合同，否则用人单位应支付自入职之日起至劳动合同法实施之日止的经济补偿金。

确定和调整最低工资标准应当综合参考下列因素：

（一）劳动者本人及平均赡养人口的最低生活费用；

（二）社会平均工资水平；

（三）劳动生产率；

（四）就业状况；

（五）地区之间经济发展水平的差异。

要点注释

本条规定的是确定最低工资标准应当参考的因素。最低工资标准一般采取月最低工资标准和小时最低工资标准的形式。月最低工资标准适用于全日制就业劳动者，小时最低工资标准适用于非全日制就业劳动者。确定和调整月最低工资标准，应参考当地就业者及其赡养人口的最低生活费用、城镇居民消费价格指数、职工个人缴纳的社会保险费和住房公积金、职工平均工资、经济发展水平、就业状况等因素。确定和调整小时最低工资标准，应在颁布的月最低工资标准的基础上，考虑单位应缴纳的基本养老保险费和基本医疗保险费因素，同时还应适当考虑非全日制劳动者在工作稳定性、劳动条件和劳动强度、福利等方面与全日制就业人员之间的差异。省、自治区、直辖市范围内的不同行政区域可以有不同的最低工资标准。

拓展适用

《最低工资规定》

第八条至第十一条

工资应当以货币形式按月支付给劳动者本人。不得克扣或者无故拖欠劳动者的工资。

要点注释

本条是关于工资支付形式和不得克扣、拖欠工资的规定。对于工资支付的形式，应当从以下三个方面来把握：

第一，工资应当以货币形式支付。对工资的支付，本条规定"工资应当以货币形式"支付，不得以实物形式支付，任何非货币的工资支付方式都是违法的。

第二，工资应当按月支付。无论是实行小时工资、日工资、月工资等计时工资形式，还是实行计件工资形式，用人单位至少每月都要向劳动者支付一次工资。对实行年薪制的，则应当每月按一定比例预付。

第三，工资应当支付给劳动者本人。用人单位应当在劳动者工作地点将工资支付给劳动者本人，由劳动者本人直接领取。当劳动者本人不能领取工资时，可以由劳动者授权亲属代为领取。

案例精析

1. 吴某等与某公司劳动争议纠纷执行案

来源：人民法院涉农民工工资案件执行典型案例之案例3[①]

裁判要点

吴某、叶某等四十七名员工受雇于某公司，因该公司经营不善，解聘所有工人，却未向员工发放经济补偿金、二倍工资等，员工申请劳动仲裁，仲裁部门裁决该公司支付工人经济补偿金、二倍工资等共计300万余元。后因该公司未履行裁决结果，该公司员工陆续申请强制执行。进入执行程序后，因公司已停产，仅执行到5万余元，无其他财产可供执行。人民法院发现该公司为独资公司，系一人有限责任公司，可能存在公司财务与股东财务混同情况，遂释明申请追加被执行人的法定程序。经过"申请人申请追加被执行人—法院裁定公司股东陈某为被执行人—陈某提起执行异议—法院驳回异议"等程序后，该案继续执行。人民法院对被执行人陈某名下房产、银行账户进行查封，并对其释法明理，告知拒不履行生效法律文书后果。陈某主动要求与申请执行人和解。最终双方达成和解，被执行人按约支付和解款项。

---

① 参见最高人民法院网站，https://www.court.gov.cn/zixun/xiangqing/398582.html，2024年9月1日访问。

2. 陈某某拒不支付劳动报酬案

案号：（2022）桂 01 刑终 637 号

来源：人民法院案例库 2023-05-1-232-002

裁判要点

工程承包方应当按照约定足额支付劳动者工资，施工期间，发包方依工程进度按期向承包方支付相关款项后，承包方应当优先保证工人工资的足额发放。承包方与发包方存在经济纠纷，应当通过其他合法方式处理，不能以此作为拖欠劳动者的工资理由或借口。

3. 聂某诉文化公司确认劳动关系案

来源：最高人民法院指导案例 179 号

裁判要点

（1）劳动关系适格主体以"合作经营"等为名订立协议，但协议约定的双方权利义务内容、实际履行情况等符合劳动关系认定标准，劳动者主张与用人单位存在劳动关系的，人民法院应予支持。

（2）用人单位与劳动者签订的书面协议中包含工作内容、劳动报酬、劳动合同期限等符合《劳动合同法》第十七条规定的劳动合同条款，劳动者以用人单位未订立书面劳动合同为由要求支付第二倍工资的，人民法院不予支持。

4. 某甲公司与山东某公司执行异议案

案号：（2023）鲁 0306 执异 40 号

来源：人民法院案例库 2024-17-5-201-003

裁判要点

农民工工资专用账户具有专款专用的特征，该特征体现在：一是账户内资金系专款，即由建设单位支付总包单位的工资性工程款，该工程款数额按工程施工合同约定的数额或者比例确定；二是账户内资金需专用，即用于支付农民工工资，不得转入除本项目农民工本人银行账户外的账户。同时，根据《工程建设领域农民工工资专用账户管理暂行办法》的规定，农民工工资专用账户还应具备在项目所在地专用账户监管部门进行备案、开户银行在业务系统中对账户进行特殊标识等形式要件。

第五十一条 【法定休假日等的工资支付】

劳动者在法定休假日和婚丧假期间以及依法参加社会活动期间，用人单位应当依法支付工资。

要点注释

本条是对法定休假日等时间内工资支付的规定。这里的"法定休假日"，是指法律、法规规定的劳动者休假的时间，包括前面提到的法定节假日（元旦、春节、清明、劳动节、端午节、中秋节、国庆节）、年休假、探亲假，也包括女职工的产假。"婚丧假"，即劳动者本人结婚以及其直系亲属死亡时依法享受的假期。

拓展适用

《工资支付暂行规定》

案例精析

1. 劳动者在离职文件上签字确认加班费已结清，是否有权请求支付欠付的加班费

来源：劳动人事争议典型案例（第二批）[①]

裁判要点

本案的争议焦点是肖某是否与用人单位就支付加班费达成合法有效的协议。

《最高人民法院关于审理劳动争议案件适用法律问题的解释（一）》第三十五条规定，劳动者与用人单位就解除或者终止劳动合同办理相关手续、支付工资报酬、加班费、经济补偿或者赔偿金等达成的协议，不违反法律、行政法规的强制性规定，且不存在欺诈、胁迫或者乘人之危情形的，应当认定有效。司法实践中，既应尊重和保障双方基于真实自愿合法原则签订的终止或解除劳动合同的协议，也应对劳动者明确持有异议的、涉及劳动者基本权益保护的协议真实性予以审查，依法保护劳动者的合法权益。

本案中，肖某认为离职申请交接表"员工确认"一栏不是其真实意思表示，上面记载的内容也与事实不符。该表中"员工离职原因"与"员工确认"两处表述确实存在矛盾。两家公司均未提供与肖某就加班费等款项达成的协议及已向肖某支付上述款项的证据，且肖某否认双方就上述款项已达成一致并已给付。因此，离职申请交接表中员工确认的"现单位已将我的工资、加班费、经济补偿结清，我与单位无其他任何争议"与事实不符，不

---

① 参见最高人民法院网站，https://www.court.gov.cn/zixun/xiangqing/319151.html，2024 年 10 月 22 日访问。

能认定为肖某的真实意思表示。本案情形并不符合《最高人民法院关于审理劳动争议案件适用法律问题的解释（一）》第三十五条之规定，故二审法院依法支持肖某关于加班费的诉讼请求。

实践中，有的用人单位在终止或解除劳动合同时，会与劳动者就加班费、经济补偿或赔偿金等达成协议。部分用人单位利用其在后续工资发放、离职证明开具、档案和社会保险关系转移等方面的优势地位，借机变相迫使劳动者在用人单位提供的格式文本上签字，放弃包括加班费在内的权利，或者在未足额支付加班费的情况下让劳动者签字确认加班费已经付清的事实。劳动者往往事后反悔，提起劳动争议仲裁与诉讼。本案中，人民法院最终依法支持劳动者关于加班费的诉讼请求，既维护了劳动者合法权益，对用人单位日后诚信协商、依法保护劳动者劳动报酬权亦有良好引导作用，有助于构建和谐稳定的劳动关系。劳动者在签署相关协议时，亦应熟悉相关条款含义，审慎签订协议，通过合法途径维护自身权益。

2. 李某诉北京某科技公司劳动争议案

案号：（2022）京 03 民终 9602 号
来源：人民法院案例库 2024-18-2-490-002

裁判要点

（1）关于"隐形加班"的认定标准。对于用人单位安排劳动者在非工作时间、工作场所以外利用微信等社交媒体开展工作，劳动者能够证明自己付出了实质性劳动且明显占用休息时间，并请求用人单位支付加班费的，人民法院应予支持。

（2）关于加班费数额。利用社交媒体加班的工作时长、工作状态等难以客观量化，用人单位亦无法客观掌握，若以全部时长作为加班时长，对用人单位而言有失公平。因此，在无法准确衡量劳动者"隐形加班"时长与集中度的情况下，对于加班费数额，应当根据证据体现的加班频率、工作内容、在线工作时间等予以酌定，以平衡好劳动者与用人单位之间的利益。

3. 张某诉时装公司劳动争议案

来源：天津高院发布劳动争议典型案例[①]

裁判要点

张某系时装公司分公司总经理。张某休产假期间领取到的生育津贴与其休产假前的工资数额存在差额，时装公司以生育津贴即为产假期间工资为由，未为张某另行发放工资。张某以时装公司欠付产假工资为由，提出解除劳动合同关系。其仲裁申请被驳回后，张某起诉要求时装公司支付其产假期间工资差额及经济补偿等。

法院生效裁判认为，时装公司明知张某产假津贴与其产假前的工资存在差额，以发放惯例为由不予补足，属于未及时足额支付劳动报酬的情形，张某以此为由要求解除劳动合同关系并要求经济补偿，时装公司应支付经济补偿。法院判决时装公司支付张某产假期间工资差额、经济补偿等各项待遇。

---

① 参见天津法院网，https://tjfy.tjcourt.gov.cn/article/detail/2023/04/id/7266065.shtml，2024 年 9 月 1 日访问。

第六章　劳动安全卫生

　　用人单位必须建立、健全劳动安全卫生制度，严格执行国家劳动安全卫生规程和标准，对劳动者进行劳动安全卫生教育，防止劳动过程中的事故，减少职业危害。

用人单位必须建立、健全职业安全卫生制度；用人单位必须执行国家职业安全卫生规程和标准；用人单位必须对劳动者进行职业安全卫生教育。

要点注释

　　本条是对劳动安全卫生制度的总括性规定。本条中的"劳动安全卫生制度"，主要是指：安全生产责任制、安全教育制度、安全检查制度、伤亡事故和职业病调查处理制度。

拓展适用

《安全生产法》

第一章

《矿山安全法》

第七条至第十九条

《生产安全事故应急条例》

第四条至第五条、第十四条至第十五条、第三十条至第三十二条

案例精析

1. 陆某诉某轧钢作业服务有限公司劳动合同纠纷案

案号：（2018）沪02民终2013号

来源：人民法院案例库2023-07-2-186-007

裁判要点

　　《职业病防治法》明确，用人单位应当采取措施保障劳动者获得职业卫生保护，并对本单位产生的职业病危害承担责任。用人单位的保障义务包括对从事接触职业病危害作业的劳动者进行上岗前、在岗期间和离岗时的职业健康检查。对未进行离岗前职业健康检查的劳动者不得解除或者终止与其订立的劳动合同。对用人单位在劳动者离职前拖延履行相应的义务，在劳动者离职后被认定职业病时，又以双方劳动合同已经终止或者劳动者在外有过就业行为为由逃避履行《职业病防治法》上相关义务的，应结合过错程度，分析职业病认定结论的时间先后、劳动合同终止的原因以及劳动者在外就业等因素进行综合判断。处理结果应既能保障职业病患者的生存和康复，又能起到惩戒用人单位违法行为、引导规范用工的作用。

2. 尚某等重大劳动安全事故案

案号：（2007）开刑初字第 116 号

来源：人民法院案例库 2023-04-1-060-003

裁判要点

司法实践中，当工厂、矿山、林场、建筑企业或者其他企业、事业单位发生重大伤亡事故或者造成其他严重后果，当重大责任事故罪与重大劳动安全事故罪的客观方面和主体都出现上述竞合时，应当按照下列原则处理：

（1）在完全是由于安全生产设施或者安全生产条件不符合国家规定的情况下进行生产、作业，因而发生重大伤亡事故或者造成其他严重后果的情况下，应当以重大劳动安全事故罪定罪量刑。因为这是立法规定的典型重大劳动安全事故犯罪，即使这种行为本身也是一种违反有关安全管理规定的行为，但从罪名评价的最相符合性考虑，一般不以重大责任事故罪认定。

（2）在安全生产设施或者安全生产条件不符合国家规定的情况下，在生产、作业中又违反具体的安全管理规定，因而发生重大伤亡事故或者造成其他严重后果的，应区分不同情况选择较为妥当的罪名定罪量刑。①当二罪中某一罪的情节明显重于另一罪时，应按情节较重的罪名定罪量刑。②当二罪的情节基本相当的情况下，对于实际控制人、投资人，他们对安全生产设施或者安全生产条件是否符合国家规定负有直接责任，在无法查清对生产、作业是否负有组织、指挥或者管理职责时，以重大劳动安全事故罪定罪量刑。如果对生产、作业同时负有组织、指挥或者管理职责时，我们认为，为了司法实践的统一，一般仍以重大劳动安全事故罪定罪为宜，而将"在生产、作业中违反有关安全管理的规定"的行为作为从重处罚的情节；对于负责人、管理人员，他们既对生产、作业负有组织、指挥或者管理职责，又对安全生产设施或者安全生产条件是否符合国家规定负有直接责任。出于同样的考虑，对他们一般应以重大劳动安全事故罪定罪为宜，而将"在生产、作业中违反有关安全管理的规定"的行为作为从重处罚的情节。对于"对安全生产设施或者安全生产条件负有管理、维护职责的电工、瓦斯检查工等人员"，亦参照上述原则处理。

上述情况处理的考虑是，在构成重大劳动安全事故罪的前提下又构成重大责任事故罪，由于二罪的法定刑是相同的，"安全生产设施或者安全生产条件不符合国家规定"和"在生产、作业中违反有关安全管理的规定"的罪责也不好区分轻重，无法重罪吸收轻罪。而审判中只能定一个罪名，因此，从维护司法统一的角度考虑提出上述原则。再则，如果以重大责任事故罪定罪就无法全面评价"安全生产设施或者安全生产条件不符合国家规定"的罪责，因为重大责任事故罪并不以"安全生产设施或者安全生产条件不符合国家规定"为前提。以重大劳动安全事故罪定罪，将"在生产、作业中违反有关安全管理的规定"的行为作为从重处罚的情节，可以做到两种罪责兼顾评价。但是，当出现法律规定的"强令他人违章冒险作业"的情况时，由于法律有特别规定且法定刑较重，应以强令他人违章冒险作业罪定罪量刑。

第五十三条 【劳动安全卫生设施】

劳动安全卫生设施必须符合国家规定的标准。

新建、改建、扩建工程的劳动安全卫生设施必须与主体工程同时设计、同时施工、同时投入生产和使用。

要点注释

一般而言，劳动安全卫生设施的"三同时"制度具体有以下几个方面的要求：

（1）各级管理部门在编制和审批建设项目计划任务书和下达投资计划时，必须同时提出安全卫生设施的要求，并将此项要求所需经费物资纳入总投资计划；（2）建设单位首先应当提出安全卫生设施的具体要求，验收前认真填写《建设项目职业安全卫生项目验收审批表》，并进行试生产，就试生产中安全卫生设施的运行情况、措施效果、检测数据、存在问题、解决办法写出专题报告，以供验收审查；（3）设计单位在设计主工程项目时应同时编制职业安全卫生方面的宣传资料，详细说明可能产生的职业危害和应采取的措施及预期效果等；（4）施工单位对安全卫生设施要同主体工程同等对待，严格按照设计要求和图纸施工，保证工程质量；（5）建设单位、设计单位、施工单位都无权变更或消减已经会审确定的安全卫生项目，确需变更或消减的项目，必须事先征得有关各方的同意，并重新履行审批手续；（6）对建设项目的设计、验收，均应由同级劳动部门、当地卫生部门、工会组织会审同意，方可施工和验收投产，未经会审同意的工程项目不得施工、不予验收、不得投产。建设单位会审前将有关文件、资料、图纸送有关部门进行审查。

拓展适用

《安全生产法》

第一章

《使用有毒物品作业场所劳动保护条例》

第二章

案例精析

1. 江苏某某公司诉某区应急管理局行政处罚案

案号：（2021）苏 05 行终 601 号

来源：人民法院案例库 2023-12-3-001-021

参照《最高人民法院关于审理工伤保险行政案件若干问题的规定》第三条的规定以及《中华人民共和国安全生产法》的立法精神，在对外关系上，一般可将资质出借方和资质借用方作为一个整体，使之共同成为安全生产责任主体。特别是在发包人、安全生产监管部门对资质出借方出借资质事实不知情的情况下，出于招投标对外公示的信赖以及交易秩序的稳定，安全生产监管部门将资质出借方作为安全生产责任主体进行监督管理，并无不当。在这种情形下，采购项目成交单位即使主张其资质被他人借用，亦不影响其成为安全生产责任主体。

2. 李某远危险作业案

案号：（2022）浙 0784 刑初 791 号
来源：人民法院案例库 2023-05-1-058-002

裁判要点

根据《刑法》第一百三十四条之一规定，危险作业罪中"具有发生重大伤亡事故或者其他严重后果的现实危险"，是指客观存在的、紧迫的危险，这种危险未及时消除，持续存在，将可能随时导致发生重大伤亡事故或者其他严重后果。司法实践中，是否属于"具有发生重大伤亡事故或者其他严重后果的现实危险"，应当结合行业属性、行为对象、现场环境、违规行为严重程度、纠正整改措施的及时性和有效性等具体因素，进行综合判断。司法机关在办理具体案件过程中要准确把握立法原意，对于行为人关闭、破坏直接关系生产安全的监控、报警、防护、救生设备、设施，已经出现重大险情，或者发生了"小事故"，由于偶然性的客观原因而未造成重大严重后果的情形，可以认定为"具有发生重大伤亡事故或者其他严重后果的现实危险"。

3. 丁某诉陆某、启东市某材料公司海上人身损害责任纠纷案

案号：（2021）苏 72 民初 683 号
来源：人民法院案例库 2023-10-2-200-005

裁判要点

关于港口作业过程中各方作业主体责任的认定问题。首先，装卸企业在装卸作业过程中，应当严格遵守安全生产的相关要求，在操作区域以及操作设备上设置明显的安全警示标志，最大限度尽到安全警示义务；要在现场安排专人进行安全管理，发现其他人员进入操作区域时应及时制止，避免安全生产事故的发生；要注意加强对企业工作人员的日常安全知识培训，提高工作人员的安全生产意识。如果未能尽到上述义务而导致码头装卸过程中出现人员伤亡，装卸企业应当承担相应的赔偿责任。其次，配合货物装卸的船上工作人员，应服从装卸企业的装卸安排，同时应具备对自身安全的保护意识，尽到足够的安全注意义务，否则应对自身的损失承担责任。

用人单位必须为劳动者提供符合国家规定的劳动安全卫生条件和必要的劳动防护用品，对从事有职业危害作业的劳动者应当定期进行健康检查。

要点注释

本条规定的是用人单位的劳动保护义务。用人单位的劳动保护义务，除上面提到的劳动安全卫生设施方面的要求外，还要提供必要的劳动安全卫生条件。根据《安全生产法》，用人单位在保障劳动安全卫生条件等方面应该做到资金投入、人员投入、技术投入、生产经营场所和员工宿舍符合安全需求等几个方面。

另外，用人单位还必须为劳动者提供"必要的劳动防护用品"。必要的劳动防护用品是指，职工在从事某项工作时，为保证其健康与安全，用人单位应提供的基本劳动保护防护用品。用人单位必须按照国家有关规定发放劳动防护用品。发放劳动防护用品应当根据职工劳动条件发放，属于在生产过程中保护工人的安全与健康的防护用品，必须发给职工本人。用人单位发放劳动防护用品应当依照规定免费发放，并建立健全劳动防护用品的发放、保管、使用和回收等制度。

▶ 职业危害，是指对从事职业活动的劳动者可能导致职业病的各种危害。危害因素包括：职业活动中存在的各种有害的化学、物理、生物因素以及在作业过程中产生的其他职业有害因素。对从事接触职业病危害作业的劳动者，用人单位应当按照国务院卫生行政部门的规定组织上岗前、在岗期间和离岗时的职业健康检查，并将检查结果书面告知劳动者。
职业健康检查费用由用人单位承担。

拓展适用

《安全生产法》
第二章
《职业病防治法》
第三章
《使用有毒物品作业场所劳动保护条例》

案例精析

1. 杨某某诉李某某、某公司等健康权纠纷案

案号：（2022）豫 06 民终 276 号
来源：人民法院案例库 2023-07-2-001-003

（1）法定退休年龄的划定不是禁止有劳动能力的劳动者继续劳动，而是出于保护劳动者身体健康的目的，使其慎重继续从事工作。我国法律法规未对劳动者的年龄上限进行限制，只要公民年满十六周岁直至死亡，都具有行使劳动和获取劳动报酬的权利，对于达到法定退休年龄的劳动者的劳动和劳动所得均受法律保护。

（2）"误工费"是受害人因受到人身损害到痊愈这段时间内因，劳动能力的暂时丧失或减少导致无法从事正常工作的收入损失。该项费用的请求权基础在于，受害人因遭受损害而无法从事工作，导致无法得到预期工作收益，这种财产增益损失均是基于受害者受伤影响从事劳动而客观存在的，与受害者年龄无涉。达到法定退休年龄人员受害的，其误工费赔偿请求是否应予支持与其年龄无关，只要具备人身损害赔偿要件、具有误工的事实和收入减少的事实就应予以支持。

2.安全技术公司等提供虚假证明文件案

案号：（2020）苏 09 刑终 576 号
来源：人民法院案例库 2023-03-1-174-002

裁判要点

安全评价中介组织接受委托开展安全评价活动、出具安全评价报告，对生产经营单位能否获得安全生产监督部门的批准和许可、能否开展生产经营活动起到关键性作用，应当依法履行职责，出具真实客观的安全评价报告，否则可能承担刑事责任。司法机关对于安全评价中介组织及其工作人员提供虚假证明文件犯的罪行为，在裁量刑罚时，应当综合考虑其行为手段，主观过错程度，对安全事故发生所起作用大小及获利情况、一贯表现等各方面因素，综合评估其社会危害性，依照刑法规定妥当裁量刑罚，确保罪责刑相适应。

3.杨某锵等重大责任事故、伪造国家机关证件、行贿案

案号：（2021）闽 05 刑终 1562 号
来源：人民法院案例库 2023-05-1-057-001

裁判要点

一段时期以来，因为违法违规建设施工导致的用于经营活动的建筑物倒塌、坍塌事故时有发生，部分事故造成重大人员伤亡和高额财产损失，人民群众反应强烈。司法机关要加大对此类违法犯罪行为的打击力度，依法从严惩治建筑施工过程中存在的无证施工、随意改扩建、随意加层、擅自改变建筑物功能结构布局等违法违规行为，对于危及公共安全、构成犯罪的，要依法从严追究刑事责任。特别是对于导致建筑物倒塌，坍塌事故发生负有首要责任，行为构成重大责任事故罪等危害生产安全犯罪罪名的行为人，该顶格处刑的要在法定量刑幅度范围内顶格判处刑罚，充分体现从严惩处危害生产安全犯罪的总体政策，切实保障人民群众生命财产安全。

第五十五条 【特种作业的上岗要求】

从事特种作业的劳动者必须经过专门培训并取得特种作业资格。

是指容易发生事故，对操作者本人、他人的安全健康及设备、设施的安全可能造成重大危害的作业。特种作业的范围由特种作业目录规定，主要包括：（1）电工作业；（2）焊接与热切割作业；（3）高处作业；（4）制冷与空调作业；（5）煤矿安全作业；（6）金属非金属矿山安全作业；（7）石油天然气安全作业；（8）冶金（有色）生产安全作业；（9）危险化学品安全作业；（10）烟花爆竹安全作业；（11）应急管理部认定的其他作业。

特种作业人员是指直接从事特种作业的人员。特种作业人员应当符合下列条件：（1）年满18周岁，且不超过国家法定退休年龄；（2）经社区或者县级以上医疗机构体检健康合格，并无妨碍从事相应特种作业的器质性心脏病、癫痫病、美尼尔氏症、眩晕症、癔病、震颤麻痹症、精神病、痴呆症以及其他疾病和生理缺陷；（3）具有初中及以上文化程度；（4）具备必要的安全技术知识与技能；（5）相应特种作业规定的其他条件。危险化学品特种作业人员除符合前述第一项、第二项、第四项和第五项规定的条件外，应当具备高中或者相当于高中及以上文化程度。

要点注释

特种作业因其特有的高风险性、技术性特点，对从事此类作业的劳动者提出了特殊的要求。为了确保特种作业的安全和顺利进行，此条规定明确规定了从事特种作业的劳动者必须经过专门培训并取得特种作业资格。

案例精析

邵某重大责任事故案

案号：（2021）浙0723刑初226号

来源：人民法院案例库 2023-05-1-057-002

裁判要点

对雇佣未取得特种作业资质人员实施特种作业，在作业过程中未采取安全措施致使发生重大伤亡事故的，实际施工方构成重大责任事故罪。

第五十六条 【劳动者在安全生产中的权利和义务】

劳动者在劳动过程中必须严格遵守安全操作规程。

劳动者对用人单位管理人员违章指挥、强令冒险作业，有权拒绝执行；对危害生命安全和身体健康的行为，有权提出批评、检举和控告。

要点注释

这里需要注意工伤保险和劳动者获得赔偿权利的区分。生产经营单位有义务为职工办理工伤保险，职工因工受伤属于工伤的，有权根据法律规定享受工伤保险待遇，及时得到经济补偿。在特定情形下，工伤职工获得的补偿难以弥补因安全生产事故所造成的损失，此时职工作为直接从事生产的人员，如果用人单位未尽保护职工合法权益的义务或者违法侵害职工合法权益的，职工有权向本单位提出民事赔偿的要求。

拓展适用

《劳动合同法》
第三十二条
《安全生产法》
第三章

案例精析

张某诉北京某公司、四川某公司等生命权、身体权、健康权纠纷案

案号：（2023）兵民申 452 号
来源：人民法院案例库 2023-16-2-001-001

裁判要点

由于民法和劳动法从人身损害和社会保险的角度对工伤事故加以规范，从而使工伤事故具有民事侵权赔偿和社会保险赔偿双重性质。基于此，工伤的劳动者就存在两个请求权：一个是基于工伤保险关系而享有的工伤保险待遇请求权；另一个是基于人身损害而享有的民事侵权损害赔偿请求权。二者不具有相互排斥性，生命健康权属于法律优先保护的法益，具有一定的优先性，在失去行政救济途径后，依法主张民事赔偿并不违反法律的禁止性规定。无论是依据《侵权责任法》第十三条还是《民法典》第一百七十八条的规定，受害人有权向部分侵权人主张权利，可要求部分或所有的连带责任人承担全部赔偿责任。

第五十七条 【伤亡事故和职业病的统计、报告、处理】

国家建立伤亡事故和职业病统计报告和处理制度。县级以上各级人民政府劳动行政部门、有关部门和用人单位应当依法对劳动者在劳动过程中发生的伤亡事故和劳动者的职业病状况，进行统计、报告和处理。

要点注释

在劳动过程中，劳动者的安全与健康是首要考虑的因素。为了及时、准确地掌握劳动者在劳动过程中发生的伤亡事故和职业病的状况，以采取相应的预防和控制措施，我国以此条规定为依托建立了伤亡事故和职业病的统计报告和处理制度。

拓展适用

《安全生产法》

第五章

《职业病防治法》

案例精析

1. 造成重大安全生产责任事故，生产安全事故首要责任人如何担责

来源：人民法院、检察机关依法惩治危害生产安全犯罪典型

案例之 1[①]

裁判要点

杨某违反安全管理规定，在无合法建设手续的情况下雇佣无资质人员，违法违规建设、改建钢结构大楼，违法违规组织装修施工和焊接加固作业，导致发生重大伤亡事故，造成严重经济损失，行为已构成重大责任事故罪，情节特别恶劣；单独或者伙同他人共同伪造国家机关证件用于骗取消防备案及特种行业许可证审批，导致违规建设的建筑物安全隐患长期存在，严重侵犯国家机关信誉与公信力，最终造成本案严重后果，行为已构成伪造国家机关证件罪，情节严重；为谋取不正当利益，单独或者伙同他人给予国家工作人员财物，致涉案建筑物、旅馆违法违规建设经营行为得以长期存在，最终发生坍塌，社会影响恶劣，行为已构成行贿罪，情节严重，应依法数罪并罚。

---

① 参见最高人民法院网站，https://www.court.gov.cn/zixun/xiangqing/383601.html，2023 年 5 月 19 日访问。

2. 胡某诉某区人力资源和社会保障局行政确认案

案号：（2020）辽 01 行终 48 号

来源：人民法院案例库 2023-12-3-007-002

裁判要点

针对职工受伤在先，用人单位注销营业执照在后的工伤保险待遇后续问题，人社部门应该按照工伤认定的相关规定作出是否认定工伤的决定。若人社部门认定受伤职工为工伤，用人单位为其缴纳工伤保险，其工伤保险待遇可从工伤保险基金中支付。根据《工伤保险条例》等规定精神，单位在未缴纳工伤保险，又已经注销工商登记的情况下，对企业注销营业执照后主张工伤保险待遇问题，可依法将清算组列为被告主张权利；对个体工商户注销营业执照后的工伤保险待遇，可按照《民法典》第五十六条第一款规定精神处理。

3. 刘某诉某省人力资源和社会保障厅劳动和社会保障行政复议案

案号：（2020）最高法行再 68 号

来源：人民法院案例库 2024-12-3-016-002

裁判要点

根据《工伤保险条例》第十四条第三项规定，认定受到暴力等意外伤害情形为工伤需要同时符合工作时间、工作场所和履行工作职责三个条件。关于履行工作职责中受到暴力伤害的能否认定工伤，关键在于判断暴力伤害与履行工作职责之间的关联性程度。《工伤保险条例》的立法目的，旨在保障因工作遭受事故伤害或者患职业病的职工获得的医疗救治和经济补偿，是为了保护劳动者在工作期间受到暴力等意外伤害后的救济。从制度价值的角度适用该条款认定是否属于工伤时，要从暴力伤害发生的时间、地点、起因等综合判断是否属于工作原因，工作纠纷处理不当不属于阻却认定工伤的理由。

4. 杨某甲诉北京市朝阳区人力资源和社会保障局行政确认案

案号：（2022）京 0105 行初 259 号

来源：人民法院案例库 2024-12-3-007-003

裁判要点

当前建筑工程领域层层转包、分包现象较为普遍，工伤职工多借助起诉提供劳务者受害责任纠纷的诉讼策略，来确定劳务分包公司的责任，从而确定承担工伤保险责任的用工单位，由于在民事案件中法院需多次追加被告而延长了诉讼周期，以致耽误了工伤认定申请时间。在此过程中，可以体现工伤职工积极寻求救济的主观状态，而在客观上也采取了合法有效的救济途径，其救济过程符合现实情况、司法实践和生活常理，其未能在法定期限提起工伤认定申请不能归因于其自身原因，其通过提起民事诉讼来确定用工单位的时间不应计算在其工伤认定申请期限内。

第七章 女职工和未成年工特殊保护

第五十八条 【女职工和未成年工的特殊劳动保护】

国家对女职工和未成年工实行特殊劳动保护。

未成年工是指年满十六周岁未满十八周岁的劳动者。

要点注释

本条是对女职工和未成年工实行特殊劳动保护的原则性规定。

依据相关法律规定，女职工享有的特殊劳动保护主要有以下两个方面：（1）就业和报酬方面：女性依法享有平等就业的权利；凡适合妇女从事劳动的单位，不得拒绝招收女职工；用人单位不得在女职工怀孕、产期、哺乳期降低其基本工资或者解除劳动合同。（2）女职工一般禁忌从事的劳动包括：矿山井下作业；体力劳动强度分级标准中规定的第四级体力劳动强度的作业；每小时负重六次以上、每次负重超过二十公斤的作业，或者间断负重、每次负重超过二十五公斤的作业。

未成年工在以下几方面享受特殊劳动保护：（1）禁止用人单位招用未满十六周岁的未成年人。我国的最低就业年龄是十六周岁，如果文艺、体育和特种工艺单位需要招用未满十六周岁的未成年人，必须依照国家有关规定，履行审批手续，并保障其接受义务教育的权利。（2）不得安排未成年工从事法定禁忌从事的劳动。（3）用人单位应当对未成年工定期进行健康检查。（4）一般不能给未成年工安排夜班工作。

拓展适用

《妇女权益保障法》

第四十七条

《未成年人保护法》

第六十一条

《女职工劳动保护特别规定》

第二条至第十五条

第五十九条 【女职工禁忌劳动的范围】

禁止安排女职工从事矿山井下、国家规定的第四级体力劳动强度的劳动和其他禁忌从事的劳动。

要点注释

本条是对女职工禁忌劳动范围的规定。其中，"矿山井下"作业是指常年在矿山井下从事各种劳动，不包括临时性的工作，如医务人员下矿井进行治疗和抢救等。至于体力劳动强度的大小，是以劳动强度指数来衡量的，劳动强度指数是由该工种的平均劳动时间率、平均能量代谢率两个因素构成的。劳动强度指数越大，体力劳动强度也越大；反之，体力劳动强度就越小。

拓展适用

《女职工劳动保护特别规定》
第四条、附录

案例精析

张某诉某商行劳动争议案

来源：珠海法院劳动争议十大典型案例之案例一 [①]

裁判要点

张某 2017 年入职某商行，2019 年 4 月 23 日开始休产假，其产假及奖励假依法应至同年 11 月 16 日。张某主张在某商行的要求下于 2019 年 8 月 1 日提前返岗，后诉请某商行支付提前返岗后产假期间的生育保险待遇，某商行抗辩张某系自愿返岗，应视为放弃剩余产假。

人民法院经审理认为，产假是法律赋予女职工在生育期间所享有的休假权利，若公司出于生产经营需求，要求女职工提前返岗的，除支付正常的劳动报酬外，还应支付生育保险待遇，二者不构成重复获利。本案系某商行要求张某提前结束产假返岗，张某除应获得返岗后的劳动报酬外，依法仍应享有生育保险待遇，故某商行应向张某支付生育保险待遇。

---

① 参见"珠海市中级人民法院"微信公众号，https://mp.weixin.qq.com/s/TShch32U8ZyH6VbLM_qd-Q，2024 年 7 月 31 日访问。

第六十条 【女职工经期的保护】

不得安排女职工在经期从事高处、低温、冷水作业和国家规定的第三级体力劳动强度的劳动。

要点注释

本条规定中，"高处作业"是指二级高处作业，即凡在坠落高度基准面五米以上（含五米）有可能坠落的高处进行的作业。

"低温作业"是指在劳动生产过程中，其工作地点平均气温等于或低于5℃的作业。

"冷水作业"是指在劳动生产过程中，操作人员接触冷水温度等于或小于12℃的作业。

拓展适用

《女职工劳动保护特别规定》

附录

第六十一条 【女职工孕期的保护】

不得安排女职工在怀孕期间从事国家规定的第三级体力劳动强度的劳动和孕期禁忌从事的劳动。对怀孕七个月以上的女职工，不得安排其延长工作时间和夜班劳动。

要点注释

女职工在怀孕期间，所在单位不得安排从事孕期禁忌的劳动：（1）作业场所空气中铅及其化合物、汞及其化合物、苯、镉、铍、砷、氰化物、氮氧化物、一氧化碳、二硫化碳、氯、己内酰胺、氯丁二烯、氯乙烯、环氧乙烷、苯胺、甲醛等有毒物质浓度超过国家职业卫生标准的作业；（2）从事抗癌药物、己烯雌酚生产，接触麻醉剂气体等的作业；（3）非密封源放射性物质的操作，核事故与放射事故的应急处置；（4）高处作业分级标准中规定的高处作业；（5）冷水作业分级标准中规定的冷水作业；（6）低温作业分级标准中规定的低温作业；（7）高温作业分级标准中规定的第三级、第四级的作业；（8）噪声作业分级标准中规定的第三级、第四级的作业；（9）体力劳动强度分级标准中规定的第三级、第四级体力劳动强度的作业；（10）在密闭空间、高压室作业或者潜水作业，伴有强烈振动的作业，或者需要频繁弯腰、攀高、下蹲的作业

拓展适用

《女职工劳动保护特别规定》
第六条

第六十二条 【女职工产期的保护】

女职工生育享受不少于九十天的产假。

要点注释

根据《女职工劳动保护特别规定》，女职工生育享受九十八天产假，其中产前可以休假十五天；难产的，增加产假十五天；生育多胞胎的，每多生育一个婴儿，增加产假十五天。女职工怀孕未满四个月流产的，享受十五天产假；怀孕满四个月流产的，享受四十二天产假。

拓展适用

《女职工劳动保护特别规定》
第八条

第六十三条 【女职工哺乳期的保护】

不得安排女职工在哺乳未满一周岁的婴儿期间从事国家规定的第三级体力劳动强度的劳动和哺乳期禁忌从事的其他劳动，不得安排其延长工作时间和夜班劳动。

要点注释

对哺乳未满一周岁婴儿的女职工，用人单位不得延长劳动时间或者安排夜班劳动。用人单位应当在每天的劳动时间内为哺乳期女职工安排一小时哺乳时间；女职工生育多胞胎的，每多哺乳一个婴儿每天增加一小时哺乳时间。

案例精析

服饰公司诉某区人力资源和社会保障局工伤认定决定案

来源：《最高人民法院公报》2022 年第 12 期

裁判要点

按照《女职工劳动保护特别规定》，用人单位应在每日工作时间内为哺乳期女职工安排哺乳时间。哺乳期内女职工上班期间返家哺乳、哺乳结束后返回单位工作，往返途中属于《工伤保险条例》第十四条第六项的"上下班途中"，在此过程中因发生非本人主要责任的交通事故受伤，应认定为工伤。

本案中，周某于 2019 年 6 月 25 日生育一女，休完产假后回单位工作，周某工作时尚处在哺乳期内，服饰公司应当为周某安排一小时的哺乳时间，并及时与周某沟通协商哺乳时间的安排。周某在服饰公司未与其沟通明确哺乳时间的情形下，根据工作时间灵活安排其每日的哺乳时间，回家哺乳后再返回单位继续工作，往返途中发生的交通事故伤害应视为工伤认定的合理范畴。虽服饰公司提交的员工手册中载明哺乳假的休假时间及请假流程，但服饰公司不能证明其就员工手册向周某进行了告知，服饰公司也未提交证据证明其就哺乳时间相关事宜与周某进行过沟通协商，故服饰公司应承担不利的法律后果。

第六十四条 【未成年工禁忌劳动的范围】

不得安排未成年工从事矿山井下、有毒有害、国家规定的第四级体力劳动强度的劳动和其他禁忌从事的劳动。

要点注释

国家对未成年工实行特殊劳动保护。未成年工的身体发育尚未完全定型，正在向成熟期过渡。为了保护未成年工的正常发育和安全健康，除改善一般的劳动条件外，需要在工作时间、工作场所等方面给予特殊保护。

拓展适用

《未成年工特殊保护规定》

♠思维导图

未成年工保护的内容

- 就业年龄的限制——确定最低就业年龄必须考虑青少年的身体发育状况以及保障他们在就业前有接受完整义务教育的时间。《劳动法》规定，禁止用人单位招用未满十六周岁的未成年人。文艺、体育和特种工艺单位招用未满十六周岁的未成年人，必须遵守国家有关规定，并保障其受义务教育的权利

- 禁止未成年工从事有害健康的工作——身体发育还未成熟的未成年工，不能适应特别繁重及危险的工作，他们对有毒有害作业的抵抗力也较弱。《劳动法》规定，招收录用未成年工应当经过体格检查，录用后也应定期进行健康检查

- 对未成年工实行工作时间的保护——为了保障未成年工的正常发育和继续组织他们完成文化技术学习任务，一般对未成年工实行缩短工作日制度，并且不得安排未成年工从事加班加点和夜班工作，对于某些经过批准允许招收十六周岁以下的学徒的特殊行业，国家还规定了一些特殊的保护措施，保证他们的身心能够健康成长

- 对未成年工进行健康检查——为保障未成年工的身体健康，《劳动法》规定，用人单位应当对未成年工定期进行健康检查。如果发现疾病或身体发育中的异常情况，应及时进行治疗。对未成年工进行定期的健康检查是用人单位的一项法定义务，用人单位不得以任何借口加以取消

第六十五条 【未成年工定期健康检查】

用人单位应当对未成年工定期进行健康检查。

要点注释

本条是关于对未成年工定期进行健康检查的要求，体现了对未成年工身体健康的特殊保护。对未成年工的健康检查，应当注意以下几个方面：

第一，用人单位应按下列要求对未成年工定期进行健康检查：（1）安排工作岗位之前；（2）工作满一年；（3）年满十八周岁，距前一次体检时间已超过半年。

第二，未成年工的健康检查，应按法定《未成年工健康检查表》列出的项目进行。

第三，用人单位应根据未成年工的健康检查结果安排其从事适合的劳动；对不能胜任原劳动岗位的，应根据医务部门的证明，予以减轻劳动量或安排其他劳动。

拓展适用

《未成年工特殊保护规定》
第六条至第八条

第八章 职业培训

第六十六条 【国家发展职业培训事业】

国家通过各种途径，采取各种措施，发展职业培训事业，开发劳动者的职业技能，提高劳动者素质，增强劳动者的就业能力和工作能力。

要点注释

国家采取措施，提高技术技能人才的社会地位和待遇，弘扬劳动光荣、技能宝贵、创造伟大的时代风尚。国家对在职业教育工作中做出显著成绩的单位和个人按照有关规定给予表彰、奖励。每年五月的第二周为职业教育活动周。

拓展适用

《就业促进法》
第四十四条至第五十一条

《职业教育法》
第十二条至第十四条

第六十七条 【各级政府的职责】

各级人民政府应当把发展职业培训纳入社会经济发展的规划，鼓励和支持有条件的企业、事业组织、社会团体和个人进行各种形式的职业培训。

要点注释

各级人民政府应当将发展职业教育纳入国民经济和社会发展规划，与促进就业创业和推动发展方式转变、产业结构调整、技术优化升级等整体部署、统筹实施。

各级人民政府应当按照事权和支出责任相适应的原则，根据职业教育办学规模、培养成本和办学质量等落实职业教育经费，并加强预算绩效管理，提高资金使用效益。

拓展适用

《职业教育法》
第十七条、第三十条

第六十八条 【用人单位建立职业培训制度】

用人单位应当建立职业培训制度，按照国家规定提取和使用职业培训经费，根据本单位实际，有计划地对劳动者进行职业培训。

从事技术工种的劳动者，上岗前必须经过培训。

要点注释

用人单位对劳动者进行必要的职业培训不可以约定服务期。本法规定，用人单位应当建立职业培训制度，劳动者有接受职业技能培训的权利。

拓展适用

《职业教育法》（2022 年 4 月 20 日）

第二十条

案例精析

传播公司诉邱某劳动争议案

来源：江苏法院 2021 年度劳动人事争议十大典型案例之案例八①

裁判要点

2020 年 5 月，邱某入职传播公司。双方签订了《培训服务协议》，约定传播公司对邱某进行为期十八天的职前培训，培训内容为公司背景介绍、业务简介、课程体系与品牌课程优势、销售技巧及电话销售技巧，同时约定培训结束后履职未达到最低服务年限一年半的，邱某应赔偿全部培训费用。传播公司根据协议约定安排邱某参加了培训。2020 年 9 月，邱某离职。传播公司经仲裁后提起诉讼，要求邱某赔偿培训费。

人民法院认为，《培训服务协议》明确约定涉案培训为职前培训，公司亦未提供证据证明该培训系专业技术培训，不符合劳动合同法规定的可以约定服务期和由劳动者承担违约金的情形。传播公司将培训费成本转嫁给邱某，免除其自身法定责任，相关条款应为无效，故判决驳回传播公司的诉讼请求。

---

① 参见"江苏高院"微信公众号，https://mp.weixin.qq.com/s/qfd_qJeE4sDknPaFt7rHgQ，2023 年 7 月 31 日访问。

第六十九条 【职业技能资格】

国家确定职业分类，对规定的职业制定职业技能标准，实行职业资格证书制度，由经备案的考核鉴定机构负责对劳动者实施职业技能考核鉴定。

要点注释

职业技能鉴定的对象：（1）各类职业技术学校和培训机构毕（结）业生，凡属技术等级考核的工种，逐步实行职业技能鉴定；（2）企业、事业单位学徒期满的学徒工，必须进行职业技能鉴定；（3）企业、事业单位的职工以及社会各类人员可根据需要，自愿申请职业技能鉴定。

拓展适用

《职业技能鉴定规定》

第九章 社会保险和福利

第七十条 【社会保险制度】

国家发展社会保险事业，建立社会保险制度，设立社会保险基金，使劳动者在年老、患病、工伤、失业、生育等情况下获得帮助和补偿。

要点注释

本条是关于建立社会保险制度的原则性要求。社会保险，是指通过国家立法的形式，以劳动者为保障对象，以劳动者的年老、疾病、伤残、失业、死亡等特殊事件为保障内容，以政府强制实施为特点的一种制度。根据本条，我国的社会保险有五种：养老保险、医疗保险、失业保险、工伤保险及生育保险。

社会保险主要有以下五个功能：（1）防范风险功能；（2）社会稳定功能；（3）有利于实现社会公平；（4）有利于保证社会劳动力再生产顺利进行；（5）实行收入再分配。

拓展适用

《劳动合同法》

第四十九条

《社会保险法》

第二条

案例精析

1. 薛某景诉某建设公司劳动争议案

案号：（2023）兵民申 938 号

来源：人民法院案例库 2023-16-2-490-004

裁判要点

建设单位将工程发包给承包人，承包人又非法转包或者违法分包给实际施工人，实际施工人招用的劳动者请求确认与具有用工主体资格的发包人之间存在劳动关系的不予支持。通常情况下，社会保险行政部门认定职工工伤，应以职工与用人单位之间存在劳动关系，但在法律、法规及司法解释另有规定的情况下，职工与用人单位之间即使不存在劳动关系，用人单位也会成为工伤保险责任的承担主体。

2. 费某诉南京某人力资源公司劳动争议案

案号：（2022）苏 0105 民初 20778 号

来源：人民法院案例库 2024-07-2-490-003

裁判要点

享受社会保险待遇以具有劳动者的合法身份为前提。双方未建立真实劳动关系，一方以欺诈、伪造证明材料或者其他手段骗取社会保险待遇的，人民法院应予否定性评价。此外，人民法院应当主动与行政主管部门沟通，以司法建议等形式督促依法追回被骗取的保险待遇，保障国家社保基金安全。

3. 冯某诉大连某公司北京研发中心劳动争议案

案号：（2020）京民再 84 号

来源：人民法院案例库 2023-16-2-490-007

裁判要点

用人单位未按照相关规定为劳动者足额缴纳社会保险，其向有关部门补缴应当缴纳的工伤保险费、滞纳金后，工伤保险基金按照规定向劳动者支付相应费用，其有证据证明工伤保险待遇仍然降低，劳动者要求用人单位承担差额损失赔偿责任的，人民法院应予支持。

4. 张某诉北京某公司、四川某公司等生命权、身体权、健康权纠纷案

案号：（2023）兵民申 452 号

来源：人民法院案例库 2023-16-2-001-001

裁判要点

由于民法和劳动法从人身损害和社会保险的角度对工伤事故加以规范，从而使工伤事故具有民事侵权赔偿和社会保险赔偿双重性质。基于此，工伤的劳动者就存在两个请求权：一个是基于工伤保险关系而享有的工伤保险待遇请求权；另一个是基于人身损害而享有的民事侵权损害赔偿请求权。二者不具有相互排斥性，生命健康权属于法律优先保护的法益，具有一定的优先性，在失去行政救济途径后，依法主张民事赔偿并不违反法律禁止性规定。无论是依据《侵权责任法》第十三条还是依据《民法典》第一百七十八条的规定，受害人有权向部分侵权人主张权利，可要求部分或所有的连带责任人承担全部赔偿责任。

第七十一条 【社会保险水平】

社会保险水平应当与社会经济发展水平和社会承受能力相适应。

要点注释

本条是关于社会保险水平的规定。根据《宪法》第十四条第四款的规定，国家建立健全同经济发展水平相适应的社会保障制度。经济社会发展是社会保险赖以存在的基础，社会保险不可能超越经济社会发展阶段社会保险事业的发展和经济社会发展之间是相互依存、相互协调、相互补充、相互促进的关系，所谓"社会保险水平"是指社会保险待遇的给付标准及费率水平。社会保险水平应当与社会经济发展水平和社会承受力相适应。

拓展适用

《社会保险法》

第三条

《劳务派遣暂行规定》

第十八条至第十九条

案例精析

1. 某区社会保险事业管理中心申请执行工伤保险待遇非诉行政执行案

案号：（2023）京 0115 行审 10 号

来源：人民法院案例库 2024-12-3-003-003

裁判要点

用人单位应当支付的工伤保险待遇已经人民法院生效民事判决确认，但用人单位在公司清算时，清算组未将公司解散清算事宜书面通知应由用人单位支付工伤保险待遇的权利人，造成权利人未及时申报债权，应认定用人单位清算组存在重大过失。社会保险经办机构在向受伤职工先行支付工伤保险待遇后，依法有权向用人单位的清算义务人追偿。

2. 胡某诉某区人力资源和社会保障局行政确认案

案号：（2020）辽 01 行终 48 号

来源：人民法院案例库 2023-12-3-007-002

裁判要点

针对职工受伤在先、用人单位注销营业执照在后的工伤保险待遇后续问题，人社部门应该按照工伤认定的相关规定作出是否认定工伤的决定。若人社部门认定受伤职工为工伤，用人单位为其缴纳了工伤保险，其工伤保险待遇可从工伤保险基金中支付。根据《工伤保险条例》等规定精神，单位既未缴纳工伤保险，又已经注销工商登记的情况下，对企业注销营业执照后主张工伤保险待遇问题，可依法将清算组列为被告主张权利；对个体工商户注销营业执照后的工伤保险待遇，可按照《民法典》第五十六条第一款规定精神处理。

3. 孟某诉某县医疗保险基金管理中心不履行给付基本医疗保险金职责案

案号：（2021）苏行再 30 号
来源：人民法院案例库 2024-12-3-021-005

裁判要点

（1）规范性文件不得违反上位法的规定。人民法院在审理单独行政行为诉讼案件时，应当对行政行为依据的规范性文件进行合法性审查。经审查认为不合法的，不得作为认定行政行为合法的依据。

（2）在不履行给付基本医疗保险金职责之诉中，地方性规范性文件对产生交通事故的责任类型未予区分，突破上位法将不予补偿范围仅限定于应当由第三人负担范围内的规定的，人民法

4. 郑某国诉某市人力资源和社会保障局行政批复案

案号：（2017）川 11 行终 77 号
来源：人民法院案例库 2023-12-3-014-001

裁判要点

在涉及退休审批以及退休待遇核定、支付问题引发的行政案件中，有关社保机构法定调查核实义务的履行情况，是法院判断其是否依法履职的重要前提，也是法院审查被诉行政行为证据是否充分的关键内容。社保机构受理特殊工种提前退休申请后，具有调查核实的职责，对此职责不得推诿和懈怠。行政机关对于特殊工种提前退休审批应当尽到充分的调查核实义务，尽最大可能排除证据之间的矛盾和疑点，以充分保障劳动者的合法权益。判定社保机构调查核实义务是否履行到位，不能仅根据原始档案的记载，也不是初步调查即可，而应以是否审慎充分调查为标准。

第七十二条 【社会保险基金】

社会保险基金按照保险类型确定资金来源，逐步实行社会统筹。用人单位和劳动者必须依法参加社会保险，缴纳社会保险费。

要点注释

本条规定的是社会保险基金的来源和社会保险费的缴纳。在我国，五种不同社会保险费用，负有缴费义务的主体是不同的，其中养老保险、医疗保险和失业保险这三种保险是由企业和个人共同缴纳保险费用，工伤保险和生育保险费用则完全是由企业承担的，个人不需要缴纳。

对于社会保险费用的缴纳，《社会保险费征缴暂行条例》第十二条进行了更为明确的规定：缴费单位和缴费个人应当以货币形式全额缴纳社会保险费。缴费个人应当缴纳的社会保险费，由所在单位从其本人的工资中代扣代缴。社会保险费不得减免。如果允许减免社会保险费，个人账户就无法记录，就损害了个人的社会保险权益；同时，如果允许减免社会保险费，就会损害其他缴费单位和缴费个人的权益，等于鼓励其他缴费单位和缴费个人不缴纳社会保险费，因而不利于社会保险费的征缴工作。

拓展适用

《社会保险法》

第五十七条至第七十一条

《劳务派遣暂行规定》

第十八条至第十九条

案例精析

1. 冯某诉大连某公司北京研发中心劳动争议案

案号：（2020）京民再 84 号

来源：人民法院案例库 2023-16-2-490-007

裁判要点

用人单位未按照相关规定为劳动者足额缴纳社会保险，其向有关部门补缴应当缴纳的工伤保险费、滞纳金后，工伤保险基金按照规定向劳动者支付相应费用，其有证据证明工伤保险待遇仍然降低，劳动者要求用人单位承担差额损失赔偿责任的，人民法院应予支持。

2. 刘某启等诉平邑县社会保险事业服务中心给付工伤保险金案

案号：（2022）鲁 1328 行初 12 号

来源：人民法院案例库 2024-12-3-008-001

裁判要点

职工被认定为工伤，依法经仲裁、诉讼后仍不能获得工伤保险待遇，法院出具终结本次执行程序文书的，应视为"法院出具中止执行文书"。职工或者其近亲属持工伤认定决定书和有关材料向社会保险经办机构书面申请先行支付工伤保险待遇的，社会保险经办机构应当依法予以先行支付。

4. 刘某诉某市人民政府行政复议案

来源：最高人民法院指导案例 191 号

裁判要点

"包工头"违法承揽工程的法律责任，与其参加社会保险的权利之间并不冲突。根据《社会保险法》第一条、第三十三条的规定，工伤保险作为社会保险制度的一个重要组成部分，由国家通过立法强制实施，是国家对职工履行的社会责任，也是职工应该享受的基本权利。不能因为"包工头"违法承揽工程违反建筑领域法律规范，而否定其享受社会保险的权利。承包单位以自己的名义和资质承包建设项目，又由不具备资质条件的主体实际施工，从违法转包、分包或者挂靠中获取利益，由其承担相应的工伤保险责任，符合公平正义理念。当然，承包单位依法承担工伤保险责任后，在符合法律规定的情况下，可以依法另行要求相应责任主体承担相应的责任。

劳动者在下列情形下，依法享受社会保险待遇：

（一）退休；

（二）患病、负伤；

（三）因工伤残或者患职业病；

（四）失业；

（五）生育。

劳动者死亡后，其遗属依法享受遗属津贴。

劳动者享受社会保险待遇的条件和标准由法律、法规规定。

劳动者享受的社会保险金必须按时足额支付。

拓展适用

《社会保险法》

《失业保险条例》

《工伤保险条例》

案例精析

1. 安某民等八十人与环境公司确认劳动关系纠纷支持起诉案

来源：最高人民检察院检例第 125 号

裁判要点

劳动者提出补办社保登记、补缴社会保险费未果的，检察机关可以支持其起诉确认劳动关系，为其补办社保登记、补缴社会保险费提供帮助。国家建立基本养老保险、基本医疗保险等社会保险制度，保障劳动者在年老、患病、工伤、失业等情况下依法从国家和社会获得物质帮助的权利。用人单位应当依法为劳动者办理社会保险。实践中，部分用人单位未办理社保登记、未足额缴纳社会保险费，侵害了劳动者合法权益，使得劳动者难以实现老有所养、老有所医。检察机关履职中发现用人单位未依规为职工办理社会保险登记、未足额缴纳社会保险费的，应当先行协调政府责任部门履职尽责。经相关责任部门处理后仍未实现最低维权目标的，依照现行法律规定，劳动者诉请用人单位补办社保登记、补缴社会保险费存在客观障碍的，检察机关可依劳动者申请支持起诉确认劳动关系。人民法院确认劳动关系的生效裁判，可以作为办理社保登记、补缴社会保险费的依据。

2. 邓某某诉某市社会保险基金管理局工伤保险待遇决定案

来源：《最高人民法院公报》2019 年 11 期

裁判要点

《工伤保险条例》第三十三条第二款和《广东省工伤保险条例》第二十六条第一款规定的停工留薪期最长期限不能超过 24 个

月，应是指工伤职工治疗时单次享受的停工留薪期最长不能超过 24 个月，而非指累计最长不能超过 24 个月。职工工伤复发，经确认需治疗的，可重新享受《工伤保险条例》规定的停工留薪期待遇。

3. 王某、某医药公司社会保险纠纷案

案号：（2024）新民申 4059 号
来源：中国裁判文书网①

裁判要点

首先，根据现行法律规定，一名职工不能同时在两个或两个以上的缴费单位参保。王某社会保险个人缴费明细单显示，2021 年 8 月 1 日至 2022 年 3 月 18 日的社保已经缴纳，缴费单位为某某健康医院。其次，某某健康医院于 2024 年 9 月 24 日出具的证明载明，王某自 2020 年 1 月 1 日至 2023 年 5 月在某某健康医院工作，并因其个人拒绝缴纳社保，故健康医院向其发放了全额工资。2023 年 5 月王某向某某健康医院申请，某某健康医院同意后，经人社局出具相关证明后向社保局补交了社保，且由单位和个人各自承担应缴部分，并支付了滞纳金，合计 54119.7 元。王某在该证明上签字并予以确认。故，王某自费补缴社保的陈述与上述事实相互矛盾。最后，王某与某医药公司签订的《聘用合同书》中约定，劳动报酬为每月 9000 元含社保（扣除社保个人所缴纳部分），该约定虽系排除用人单位法定义务，但某医药公司已按照约定向其支付工资，即某医药公司向王某发放的款项实际

已含所应缴纳社保的费用，故王某要求某医药公司再次向其补偿，无事实和法律依据。

4. 普某有限公司与陈某社会保险纠纷案

案号：（2024）渝 01 民终 8821 号
来源：中国裁判文书网

裁判要点

诉争的 31000 元系案外人支付给陈某，陈某主张该 31000 元系案外人出借给其的款项，不同意在普某公司应支付的案涉工伤保险待遇款项中予以扣减，并在一审中举示了其与案外人的微信聊天记录证明其该项诉讼意见。普某公司虽上诉称案外人支付 31000 元的证据系陈某仲裁时主动举示，其认可该笔款项系案外人代其支付，但陈某仲裁举示该 31000 元支付凭证的行为并不等同于其作出了该款项系案外人代普某公司支付的意思表示，且普某公司并无证据证明该笔款项系其委托案外人向陈某支付或者案外人认可其系代普某公司支付陈某该笔款项。据此，一审判决未将该 31000 元款项未在案涉工伤保险待遇款项中予以扣减，并无不当，二审法院予以确认。普某公司关于该笔款项应予扣减的上诉理由不成立，二审法院不予支持。

① 参见中国裁判文书网，https://wenshu.court.gov.cn/，2024 年 11 月 30 日访问。下文同类案例来源不再特别标注。

第七十四条 【社会保险基金管理】

社会保险基金经办机构依照法律规定收支、管理和运营社会保险基金，并负有使社会保险基金保值增值的责任。

社会保险基金监督机构依照法律规定，对社会保险基金的收支、管理和运营实施监督。

社会保险基金经办机构和社会保险基金监督机构的设立和职能由法律规定。

任何组织和个人不得挪用社会保险基金。

要点注释

本条规定的是社会保险基金的监督、管理和使用。社会保险基金是指为了保障保险对象的社会保险待遇，按照国家法律、法规，由缴费单位和缴费个人分别按缴费基数的一定比例缴纳以及通过其他合法方式筹集的专项资金。社会保险基金是国家为举办社会保险事业而筹集的，用于支付劳动者因暂时或永久丧失劳动能力或劳动机会时所享受的保险金和津贴的资金。社会保险基金按照保险类型确定资金来源，逐步实行社会统筹。用人单位和劳动者必须依法参加社会保险，缴纳社会保险费。本条中的"任何组织"作广义理解，既包括党派，也包括政府和政府部门，还包括管理和经营社会保险基金的机构，以及其他各种类型的企业、事业单位和社会团体，等等。

拓展适用

《社会保险基金监督举报奖励暂行办法》

案例精析

1. 孟某诉某县医疗保险基金管理中心不履行给付基本医疗保险金职责案

案号：（2021）苏行再 30 号

来源：人民法院案例库 2024-12-3-021-005

裁判要点

（1）规范性文件不得违反上位法的规定。人民法院在审理单独行政行为诉讼案件时，应当对行政行为依据的规范性文件进行合法性审查。经审查认为不合法的，不得作为认定行政行为合法的依据。

（2）在不履行给付基本医疗保险金职责之诉中，地方性规范性文件对产生交通事故的责任类型未予区分，突破上位法将不予补偿范围仅限定于应当由第三人负担范围内的规定的，人民法院不应予以参照适用。

2. 蔡某某、某市社会保险基金管理中心等工伤保险资格或者待遇认定案

案号：（2024）苏 13 行终 139 号
来源：中国裁判文书网

裁判要点

《工伤保险条例》第六十二条第二款、第三款规定，依照本条例规定应当参加工伤保险而未参加工伤保险的用人单位职工发生工伤的，由该用人单位按照本条例规定的工伤保险待遇项目和标准支付费用。用人单位参加工伤保险并补缴应当缴纳的工伤保险费、滞纳金后，由工伤保险基金和用人单位依照本条例的规定支付新发生的费用。《工伤保险条例》第六十二条规定的"新发生的费用"，是指用人单位参加工伤保险前发生工伤的职工，在参加工伤保险后新发生的费用。其中由工伤保险基金支付的费用，按不同情况予以处理：（1）因工受伤的，支付参保后新发生的工伤医疗费、工伤康复费、住院伙食补助费、统筹地区以外就医交通食宿费、辅助器具配置费、生活护理费、一级至四级伤残职工伤残津贴，以及参保后解除劳动合同时的一次性工伤医疗补助金；（2）因工死亡的，支付参保后新发生的符合条件的供养亲属抚恤金。"本案中，2021 年 10 月 17 日蔡某某发生工伤时未参保，10 月 22 日才参保缴费。根据前述相关规定，一次性伤残补助金不在应当由工伤保险基金支付的新发生费用范围。

3. 劳务公司、某市社会保险基金管理局行政处理决定及行政复议决定案

案号：（2024）粤 03 行终 551 号
来源：中国裁判文书网

裁判要点

《社会保险法》第四十一条规定，职工所在用人单位未依法缴纳工伤保险费，发生工伤事故的，由用人单位支付工伤保险待遇。用人单位不支付的，从工伤保险基金中先行支付。从工伤保险基金中先行支付的工伤保险待遇应当由用人单位偿还。用人单位不偿还的，社会保险经办机构可以依照本法第六十三条的规定追偿。《社会保险基金先行支付暂行办法》第十三条第一款规定，社会保险经办机构按照本办法第五条第三项、第四项和第六条、第七条、第八条的规定先行支付工伤保险待遇后，应当责令用人单位在 10 日内偿还。本案中，李某义与劳务公司之间存在劳动关系已由人民法院生效民事判决确认，李某义的死亡属于工伤已由《深圳市认定工伤决定书》和人民法院生效行政判决确认。深圳市龙华区人民法院于 2022 年 10 月 24 日作出《执行裁定书》，对申请执行人李某永、李某 2、李某强与被执行人劳务公司劳动争议一案终结本次执行程序。某市社会保险基金管理局在先行支付李某义的工伤保险待遇后作出《先行支付依法追偿决定书》，责令劳务公司在收到追偿决定书之日起 10 日内将工伤保险基金先行支付的工伤保险待遇 529522.56 元存入某市社会保险基金管理局指定账户，该决定于法有据，二审法院予以确认。

第七十五条 【补充保险和个人储蓄保险】

国家鼓励用人单位根据本单位实际情况为劳动者建立补充保险。

国家提倡劳动者个人进行储蓄性保险。

要点注释

本条规定的是社会保险的补充保险，分为单位为劳动者建立的补充保险和个人的储蓄性保险。根据本条，补充性保险只是法律的一个倡议性质的规定，并不是强制性的要求。目前，根据《企业年金办法》的规定，企业年金是本条所称的"补充性保险"的一种。企业年金，是指企业及职工在依法参加基本养老保险的基础上自愿建立的补充养老保险制度。企业和职工建立企业年金，应当依法参加基本养老保险并履行缴费义务，企业具有相应的经济负担能力。企业年金所需费用由企业和职工个人共同缴纳。企业年金基金实行完全积累，为每个参加企业年金的职工建立个人账户，按照国家有关规定投资运营。企业年金基金投资运营收益并入企业年金基金。企业年金基金由下列各项组成：（1）企业缴费；（2）职工个人缴费；（3）企业年金基金投资运营收益。企业缴费每年不超过本企业职工工资总额的8%。

拓展适用

《企业年金办法》

第七十六条 【职工福利】

国家发展社会福利事业，兴建公共福利设施，为劳动者休息、休养和疗养提供条件。

用人单位应当创造条件，改善集体福利，提高劳动者的福利待遇。

要点注释

　　劳动者享受的福利大体可以分为职工福利和公共福利两种。职工福利是用人单位为满足劳动者的共同需要和特殊需要，在工资和社会保险之外向职工及其亲属提供一定的货币、实物、服务等形式的特殊帮助。而公共福利则是由国家和社会举办，由全体社会成员共同享受。对于劳动者的福利，应当注意其具有不同于工资和社会保险的形式，工资和社会保险一般以货币的形式支付给劳动者，而福利则可表现为各种形式，既可以采取货币形式，也可以采取实物、服务的形式。福利具有差别性，在不同经济效益的用人单位之间，不同的经济水平之下，社会福利水平可能相差很大，因而《劳动法》对福利的规定只是一种原则性的规定，由用人单位根据本单位条件自行掌握。

第十章　劳动争议

第七十七条 【劳动争议的解决途径】

用人单位与劳动者发生劳动争议，当事人可以依法申请调解、仲裁、提起诉讼，也可以协商解决。

调解原则适用于仲裁和诉讼程序。

要点注释

本条是关于劳动争议解决途径的概述。

1. 劳动争议的范围

劳动者与用人单位之间发生的下列纠纷，属于劳动争议，当事人不服劳动争议仲裁机构作出的裁决，依法提起诉讼的，人民法院应予受理：（1）劳动者与用人单位在履行劳动合同过程中发生的纠纷；（2）劳动者与用人单位之间没有订立书面劳动合同，但已形成劳动关系后发生的纠纷；（3）劳动者与用人单位因劳动关系是否已经解除或者终止，以及应否支付解除或者终止劳动关系经济补偿金发生的纠纷；（4）劳动者与用人单位解除或者终止劳动关系后，请求用人单位返还其收取的劳动合同定金、保证金、抵押金、抵押物发生的纠纷，或者办理劳动者的人事档案、社会保险关系等移转手续发生的纠纷；（5）劳动者以用人单位未为其办理社会保险手续，且社会保险经办机构不能补办导致其无法享受社会保险待遇为由，要求用人单位赔偿损失发生的纠纷；（6）劳动者退休后，与尚未参加社会保险统筹的原用人单位因追索养老金、医疗费、工伤保险待遇和其他社会保险待遇而发生的纠纷；（7）劳动者因为工伤、职业病，请求用人单位依法给予工伤保险待遇发生的纠纷；（8）劳动者依据《劳动合同法》的规定，要求用人单位支付加付赔偿金发生的纠纷；（9）因企业自主进行改制发生的纠纷。

2. 不属于劳动争议的事项

下列纠纷不属于劳动争议：（1）劳动者请求社会保险经办机构发放社会保险金的纠纷；（2）劳动者与用人单位因住房制度改革产生的公有住房转让纠纷；（3）劳动者对劳动能力鉴定委员会的伤残等级鉴定结论或者对职业病诊断鉴定委员会的职业病诊断鉴定结论的异议纠纷；（4）家庭或者个人与家政服务人员之间的纠纷；（5）个体工匠与帮工、学徒之间的纠纷；（6）农村承包经营户与受雇人之间的纠纷。

3. 劳动争议的解决途径

根据我国现行法律，劳动争议的解决主要有以下几种途径：协商、调解、仲裁及诉讼。

案例精析

1. 加班费的仲裁时效应当如何认定

来源：劳动人事争议典型案例（第二批）①

本案的争议焦点是张某关于加班费的请求是否超过仲裁时效。

《劳动争议调解仲裁法》第二十七条规定："劳动争议申请仲裁的时效期间为一年。仲裁时效期间从当事人知道或者应当知道其权利被侵害之日起计算……劳动关系存续期间因拖欠劳动报酬发生争议，劳动者申请仲裁不受本条第一款规定的仲裁时效期间的限制；但是，劳动关系终止的，应当自劳动关系终止之日起一年内提出。"《劳动法》第四十四条规定："有下列情形之一的，用人单位应当按照下列标准支付高于劳动者正常工作时间工资的工资报酬……"《关于工资总额组成的规定》第四条规定："工资总额由下列六个部分组成……（五）加班加点工资……"仲裁时效分为普通仲裁时效和特别仲裁时效，在劳动关系存续期间因拖欠劳动报酬发生劳动争议的，应当适用特别仲裁时效，即劳动关系存续期间的拖欠劳动报酬仲裁时效不受"知道或者应当知道权利被侵害之日起一年"的限制，但是劳动关系终止的，应当自劳动关系终止之日起一年内提出。加班费属于劳动报酬，相关争议处理中应当适用特别仲裁时效。

本案中，某建筑公司主张张某加班费的请求已经超过了一年的仲裁时效，不应予以支持。人民法院认为，张某与某建筑公司的劳动合同于 2019 年 2 月解除，其支付加班费的请求应自劳动合同解除之日起一年内提出，张某于 2019 年 12 月提出仲裁申请，其请求并未超过仲裁时效。根据劳动保障监察机构在执法中调取的工资表上的考勤记录，人民法院认定张某存在加班的事实，判决某建筑公司支付张某加班费。

时效是指权利人不行使权利的事实状态持续经过法定期间，其权利即发生效力减损的制度。作为权利行使尤其是救济权行使期间的一种，时效既与当事人的实体权利密切相关，又与当事人通过相应的程序救济其权益密不可分。获取劳动报酬权是劳动权益中最基本、最重要的权益，考虑到劳动者在劳动关系存续期间的弱势地位，法律对于拖欠劳动报酬争议设置了特别仲裁时效，对于有效保护劳动者权益具有重要意义。

2. 李某诉某足球俱乐部有限公司追索劳动报酬纠纷案

案号：（2021）内 01 民终 6248 号
来源：人民法院案例库 2023-07-2-186-013

《体育法》第九十二条第二款将《仲裁法》规定的可仲裁纠纷和《劳动争议调解仲裁法》规定的劳动争议排除在体育仲裁范围之外，明晰了体育仲裁的范围。《最高人民法院关于审理劳动争议案件适用法律问题的解释（一）》第十五条规定，劳动者以用人单位的工资欠条为证据直接提起诉讼，诉讼请求不涉及劳动关系其他争议的，无须经过仲裁前置程序。因此，运动员追索劳动报酬纠纷应纳入人民法院民事案件受案范围。

---

① 参见最高人民法院网站，https://www.court.gov.cn/zixun/xiangqing/319151.html，2024 年 10 月 24 日访问。

第七十八条 【劳动争议的处理原则】

解决劳动争议，应当根据合法、公正、及时处理的原则，依法维护劳动争议当事人的合法权益。

要点注释

对于劳动争议的解决，根据本条和《劳动争议调解仲裁法》第三条的规定，主要有以下几个方面的原则：（1）查清事实的基础上，依法处理原则；（2）及时处理原则；（3）着重调解原则；（4）平等保护双方当事人合法权益原则。

拓展适用

《劳动争议调解仲裁法》
第三条

案例精析

1. 用人单位不能通过订立承包合同规避劳动关系

来源：最高人民法院发布劳动争议典型案例[①]

裁判要点

崔某具备劳动者主体资格，某高纤公司具备用工主体资格。

崔某自 2022 年 2 月至 6 月一直在某高纤公司的生产线工作，所从事的工作是公司业务的组成部分，按月领取劳动报酬。双方签订的承包协议载明该协议视为某高纤公司与崔某等人签订的集体劳动合同，崔某需遵守公司各项安全制度等约定亦证实某高纤公司的相关规章制度适用于崔某，崔某接受公司的劳动管理。审理法院判令崔某与某高纤公司之间存在劳动关系。

随着市场经济的转型和发展，劳动密集型企业出于降低成本、提高效益等考虑，采取种类多样的经营模式。实践中存在部分企业滥用承包经营方式，通过与劳动者签订内部承包合同规避订立劳动合同的情形。用人单位以已经签订承包合同为由否认与劳动者之间的劳动关系，转嫁用工风险。人民法院在判断用人单位与劳动者之间是否存在劳动关系时，不仅要审查双方签订合同的名称，更要通过合同的内容和实际履行情况实质性审查双方之间的法律关系是否具备劳动关系的从属性特征，准确认定双方之间的法律关系，纠正通过签订承包合同等规避用人单位义务的违法用工行为，切实维护劳动者的合法权益。

① 参见最高人民法院网站，https://www.court.gov.cn/zixun/xiangqing/431252.html，2024 年 10 月 24 日访问。

2. 竞业限制协议不能限制非负有保密义务的劳动者的自主择业权

来源：最高人民法院发布劳动争议典型案例①

裁判要点

李某系某公司的推拿师及培训师，不属于公司的高级管理人员及高级技术人员。李某掌握的客户资料是提供服务过程中必然接触到的基本信息，如客户名称、联系方式等；李某接触到的产品报价方案对服务的客户公开，潜在的客户经过咨询即可获得；某公司提供的培训课程虽然为自己制作的课件，但课件内的知识多为行业内中医小儿推拿的常识性内容。此外，李某在公司工作期间通过培训获取的按摩推拿知识及技能也是该行业通用的专业知识及技能。某公司提供的证据仅能证明李某在日常工作中接触到该公司的一般经营信息，而非核心经营信息。在正常履职期间仅接触用人单位一般经营信息的劳动者不属于《劳动合同法》第二十四条第一款规定的其他负有保密义务的人员。某公司主张李某属于负有保密义务的竞业限制人员，证据不足。审理法院判令驳回某公司要求李某支付竞业限制违约金的诉讼请求。

劳动合同法规定竞业限制制度的主要目的在于保护用人单位的商业秘密和与知识产权相关的保密事项，规制不正当竞争，而非限制人才在企业间的正常流动。实践中，竞业限制条款存在适用主体泛化等滥用现象。部分用人单位不区分劳动者是否属于掌握本单位商业秘密、与知识产权相关保密事项的人员，无差别地与劳动者签订竞业限制协议，并约定高额违约金。劳动者往往囿于用人单位的优势地位，无法拒绝签订竞业限制协议。不负有保密义务的劳动者离职后进入有竞争关系的新用人单位，原用人单位要求劳动者承担高额违约金，侵害了劳动者的合法权益。本案中，人民法院认定不负有保密义务的劳动者即使签订了竞业限制协议，也无须承担竞业限制义务。审判实践中，人民法院不仅要审理新用人单位与原用人单位之间是否存在竞争关系，更要审理劳动者是否属于应当承担竞业限制义务的人员，旗帜鲜明否定侵害劳动者自主择业权的违法竞业限制行为，畅通劳动力资源的社会性流动渠道。

---

① 参见最高人民法院网站，https://www.court.gov.cn/zixun/xiangqing/431252.html，2024 年 10 月 24 日访问。

　　劳动争议发生后，当事人可以向本单位劳动争议调解委员会申请调解；调解不成，当事人一方要求仲裁的，可以向劳动争议仲裁委员会申请仲裁。当事人一方也可以直接向劳动争议仲裁委员会申请仲裁。对仲裁裁决不服的，可以向人民法院提起诉讼。

要点注释

　　本条规定的是劳动争议的调解、仲裁和诉讼的相互关系。《劳动争议调解仲裁法》对此进行了细化规定，根据该法第四条、第五条的规定，发生劳动争议，劳动者可以与用人单位协商，也可以请工会或者第三方共同与用人单位协商，达成和解协议。当事人不愿协商、协商不成或者达成和解协议后不履行的，可以向调解组织申请调解；不愿调解、调解不成或者达成调解协议后不履行的，可以向劳动争议仲裁委员会申请仲裁；对仲裁裁决不服的，除《劳动争议调解仲裁法》另有规定的外，可以向人民法院提起诉讼。可见，劳动争议的解决，概括起来就是：协商和调解可选、仲裁前置、先裁后审。

⬡ 思维导图

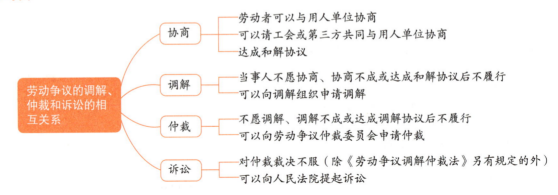

《劳动争议调解仲裁法》

第四条至第五条

《最高人民法院关于审理劳动争议案件适用法律问题的解释（一）》

 案例精析

某某公司、代某申请撤销劳动争议仲裁裁决特别程序案

案号：（2024）新 01 民特 151 号

来源：中国裁判文书网

裁判要点

当事人申请撤销仲裁裁决应当具有《劳动争议调解仲裁法》第四十九条第一款所规定的法定事由，并且应当提供相应的证据证明仲裁裁决存在上述法律所规定的应当予以撤销的事实。（1）《最高人民法院关于审理劳动争议案件适用法律问题的解释（一）》第四十四条第一款规定，因用人单位作出的开除、除名、辞退、解除劳动合同、减少劳动报酬、计算劳动者工作年限等决定而发生的劳动争议，用人单位负举证责任。某某公司未提供证据证明代某存在严重违反公司规章制度的情形，应承担不利后果，且该公司对于其法定代表人的微信聊天记录不能作出合理性解释，故仲裁委确认某某公司存在冬休放假，并无不妥，某某

公司应当补足代某的工资差额。（2）某某公司在明知代某怀孕的情况下，让其交接工作，并在交接工作过程中体现出由该公司提出解除劳动关系的意思，违反了女职工在孕期、产期、哺乳期不得解除劳动关系的规定，故某某公司应当支付违法解除劳动合同的赔偿金。（3）《劳动争议调解仲裁法》第二十七条第四款劳动关系存续期间因拖欠劳动报酬发生争议的，劳动者申请仲裁不受本条第一款规定的仲裁时效期间的限制；但是，劳动关系终止的，应当自劳动关系终止之日起一年内提出。代某与某某公司劳动关系于 2024 年 3 月 6 日解除，代某主张工资差额并未超过一年仲裁时效，故本院对某某公司称本案超过仲裁时效的意见不予采纳。综上，涉案仲裁裁决不存在适应法律法规确有错误的情形，某某公司申请撤销理由不能成立，本院不予支持。

第八十条 【劳动争议的调解】

在用人单位内，可以设立劳动争议调解委员会。劳动争议调解委员会由职工代表、用人单位代表和工会代表组成。劳动争议调解委员会主任由工会代表担任。

劳动争议经调解达成协议的，当事人应当履行。

要点注释

对于劳动争议的调解，根据《劳动争议调解仲裁法》的规定，主要表现在以下几个方面：

1. 调解组织

《劳动争议调解仲裁法》规定的可以对劳动争议进行调解的调解组织有以下三类：（1）企业劳动争议调解委员会；（2）依法设立的基层人民调解组织；（3）在乡镇、街道设立的具有劳动争议调解职能的组织。企业劳动争议调解委员会由职工代表和企业代表组成。

2. 调解人员

劳动争议调解组织的调解员应当由公道正派、联系群众、热心调解工作，并具有一定法律知识、政策水平和文化水平的成年公民担任。

3. 调解的启动

调解需经当事人申请。当事人申请劳动争议调解可以书面申请，也可以口头申请。口头申请的，调解组织应当当场记录申请人基本情况、申请调解的争议事项、理由和时间。

4. 调解期限

自劳动争议调解组织收到调解申请之日起十五日内未达成调解协议的，当事人可以依法申请仲裁。

5. 调解协议书的效力

对于调解协议书的效力，应当从以下两个方面来认识：首先，《劳动争议调解仲裁法》规定，经调解达成协议的，应当制作调解协议书，调解协议书由双方当事人签名或者盖章，经调解员签名并加盖调解组织印章后生效，对双方当事人具有约束力，当事人应当履行。调解协议书并不具有强制执行的效力，在当事人一方不履行调解协议时，另一方当事人不能申请强制执行，只能在仲裁期限内申请仲裁。其次，对于特定问题（因支付拖欠劳动报酬、工伤医疗费、经济补偿或者赔偿金事项）达成的调解协议，用人单位在协议约定的期限内不履行的，劳动者可以持调解协议书依法向人民法院申请支付令，人民法院应当依法发出支付令。

拓展适用

《劳动争议调解仲裁法》

第十条至第十六条

《最高人民法院关于审理劳动争议案件适用法律问题的解释（一）》

案例精析

郭某等诉某科技公司等劳动合同纠纷案

案号：（2024）苏 0192 民初 165 号

来源：人民法院案例库 2024-07-6-186-001

裁判要点

1. 在调处劳动纠纷时，人民法院应当贯彻平衡保护理念，按照既有利于维护劳动者合法权益，又有利于促进企业生产经营的原则促进双赢。

2. 对于群体性欠薪纠纷，人民法院可以实行"示范诉讼、诉前化解、诉中调解、诉后指导"四步法工作机制。针对已受理案件迅速进行研判，从中选定示范案件，促成双方当事人达成调解协议。以示范案件调解方案为参照，为系列案件处理提供方向，将潜在纠纷化解于诉前，切实提高纠纷实质化解效率。

第八十一条 【劳动争议仲裁委员会的组成】

劳动争议仲裁委员会由劳动行政部门代表、同级工会代表、用人单位方面的代表组成。劳动争议仲裁委员会主任由劳动行政部门代表担任。

要点注释

本条规定的是劳动争议仲裁委员会的组成。对此，《劳动争议调解仲裁法》也有规定，主要表现在以下几个方面：

1. 劳动争议仲裁委员会的设立

劳动争议仲裁委员会按照统筹规划、合理布局和适应实际需要的原则设立。省、自治区人民政府可以决定在市、县设立；直辖市人民政府可以决定在区、县设立。直辖市、设区的市也可以设立一个或者若干个劳动争议仲裁委员会。

2. 劳动争议仲裁委员会的组成和职责

劳动争议仲裁委员会由劳动行政部门代表、工会代表和企业方面代表组成。劳动争议仲裁委员会组成人员应当是单数。劳动争议仲裁委员会依法履行下列职责：（1）聘任、解聘专职或者兼职仲裁员；（2）受理劳动争议案件；（3）讨论重大或者疑难的劳动争议案件；（4）对仲裁活动进行监督。

3. 对仲裁员的规定

担任劳动争议仲裁委员会的仲裁员应当公道正派并符合下列条件之一：（1）曾任审判员的；（2）从事法律研究、教学工作并具有中级以上职称的；（3）具有法律知识、从事人力资源管理或者工会等专业工作满五年的；（4）律师执业满三年的。

4. 劳动争议仲裁委员会的管辖

劳动争议仲裁委员会负责管辖本区域内发生的劳动争议。劳动争议由劳动合同履行地或者用人单位所在地的劳动争议仲裁委员会管辖。双方当事人分别向劳动合同履行地和用人单位所在地的劳动争议仲裁委员会申请仲裁的，由劳动合同履行地的劳动争议仲裁委员会管辖。

第八十二条 【劳动争议仲裁的程序】

提出仲裁要求的一方应当自劳动争议发生之日起六十日内向劳动争议仲裁委员会提出书面申请。仲裁裁决一般应在收到仲裁申请的六十日内作出。对仲裁裁决无异议的，当事人必须履行。

要点注释

本条规定的是劳动争议仲裁的裁决程序。

拓展适用

《劳动争议调解仲裁法》
第二十二条至第四十六条

案例精析

加班费的仲裁时效应当如何认定

来源：劳动人事争议典型案例（第二批）之案例10[①]

裁判要点

本案中，某建筑公司主张张某加班费的请求已经超过了一年的仲裁时效，不应予以支持。人民法院认为，张某与某建筑公司的劳动合同于2019年2月解除，其支付加班费的请求应自劳动合同解除之日起一年内提出，张某于2019年12月提出仲裁申请，其请求并未超过仲裁时效。根据劳动保障监察机构在执法中调取的工资表上的考勤记录，人民法院认定张某存在加班的事实，判决某建筑公司支付张某加班费。时效是指权利人不行使权利的事实状态持续经过法定期间，其权利即发生效力减损的制度。作为权利行使尤其是救济权行使期间的一种，时效既与当事人的实体权利密切相关，又与当事人通过相应的程序救济其权益密不可分。获取劳动报酬权是劳动权益中最基本、最重要的权益，考虑到劳动者在劳动关系存续期间的弱势地位，法律对于拖欠劳动报酬争议设置了特别仲裁时效，对于有效保护劳动者权益具有重要意义。

---

① 参见最高人民法院网站，https://www.court.gov.cn/zixun/xiangqing/319151.html，2023年9月1日访问。

第八十三条 【仲裁裁决的效力】

劳动争议当事人对仲裁裁决不服的，可以自收到仲裁裁决书之日起十五日内向人民法院提起诉讼。一方当事人在法定期限内不起诉又不履行仲裁裁决的，另一方当事人可以申请人民法院强制执行。

要点注释

对于仲裁裁决的效力，根据《劳动争议调解仲裁法》的规定，仲裁裁决的效力分为两类。

一是立即生效的仲裁裁决。根据《劳动争议调解仲裁法》第四十七条的规定，下列劳动争议，除本法另有规定的外，仲裁裁决为终局裁决，裁决书自作出之日起发生法律效力。

追索劳动报酬、工伤医疗费、经济补偿或者赔偿金，不超过当地月最低工资标准十二个月金额的争议；（2）因执行国家的劳动标准在工作时间、休息休假、社会保险等方面发生的争议。这里所说的"另有规定"的情形，是指以下两种情形：第一，劳动者对仲裁裁决不服，自收到仲裁裁决书之日起15日内向人民法院提起诉讼的。第二，用人单位有证据证明上述仲裁裁决有下列情形之一，自收到仲裁裁决书之日起三十日内向劳动争议仲裁委员会所在地的中级人民法院申请撤销裁决的：①适用法律、法规确有错误的；②劳动争议仲裁委员会无管辖权的；③违反法定程序的；④裁决所根据的证据是伪造的；⑤对方当事人隐瞒了足以影响公正裁决的证据的；⑥仲裁员在仲裁该案时有索贿受贿、徇私舞弊、枉法裁决行为的。人民法院经组成合议庭审查核实裁决有上面规定六种情形之一的，应当裁定撤销。

二是一般仲裁裁决。除立即生效的仲裁裁决外，当事人对于其他仲裁裁决不服的，可以自收到仲裁裁决书之日起十五日内向人民法院提起诉讼；期满不起诉的，裁决书发生法律效力。当事人对发生法律效力的调解书、裁决书，应当依照规定的期限履行。一方当事人逾期不履行的，另一方当事人可以依照民事诉讼法的有关规定向人民法院申请执行。受理申请的人民法院应当依法执行。

拓展适用

《劳动争议调解仲裁法》
第四十六条至第五十一条

⬢ 思维导图

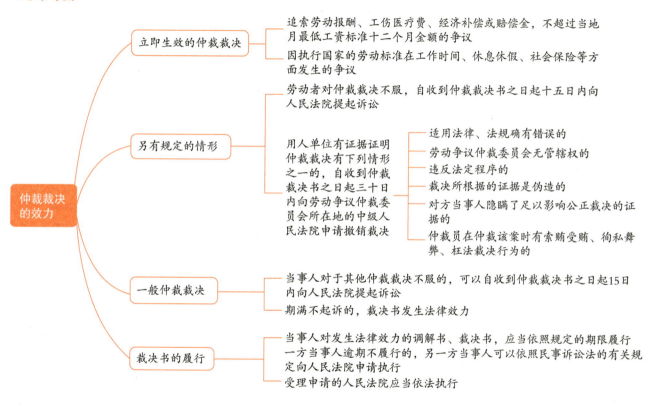

仲裁裁决的效力

立即生效的仲裁裁决
- 追索劳动报酬、工伤医疗费、经济补偿或赔偿金，不超过当地月最低工资标准十二个月金额的争议
- 因执行国家的劳动标准在工作时间、休息休假、社会保险等方面发生的争议

另有规定的情形
- 劳动者对仲裁裁决不服，自收到仲裁裁决书之日起十五日内向人民法院提起诉讼
- 用人单位有证据证明仲裁裁决有下列情形之一的，自收到仲裁裁决书之日起三十日内向劳动争议仲裁委员会所在地的中级人民法院申请撤销裁决
  - 适用法律、法规确有错误的
  - 劳动争议仲裁委员会无管辖权的
  - 违反法定程序的
  - 裁决所根据的证据是伪造的
  - 对方当事人隐瞒了足以影响公正裁决的证据的
  - 仲裁员在仲裁该案时有索贿受贿、徇私舞弊、枉法裁决行为的

一般仲裁裁决
- 当事人对于其他仲裁裁决不服的，可以自收到仲裁裁决书之日起15日内向人民法院提起诉讼
- 期满不起诉的，裁决书发生法律效力

裁决书的履行
- 当事人对发生法律效力的调解书、裁决书，应当依照规定的期限履行一方当事人逾期不履行的，另一方当事人可以依照民事诉讼法的有关规定向人民法院申请执行
- 受理申请的人民法院应当依法执行

第八十四条 【集体合同争议的处理】

因签订集体合同发生争议，当事人协商解决不成的，当地人民政府劳动行政部门可以组织有关各方协调处理。

因履行集体合同发生争议，当事人协商解决不成的，可以向劳动争议仲裁委员会申请仲裁；对仲裁裁决不服的，可以自收到仲裁裁决书之日起十五日内向人民法院提起诉讼。

要点注释

因劳动关系产生的集体劳动合同争议分为两类：一类是在签订集体劳动合同中发生的争议；另一类是在履行集体劳动合同过程中发生的争议。对于在签订集体劳动合同中发生的争议，由当事人双方协商解决，不能协商解决的，当事人一方或双方可以书面形式向劳动保障行政部门提出协调处理的申请；未提出协调申请的，劳动保障行政部门认为必要时也可以进行协调处理。对于因履行集体劳动合同而发生的争议，首先也由当事人双方协商解决，协商不成的，可以依法向劳动争议仲裁委员会申请仲裁，基本的程序与个人申请仲裁程序大致相同。

拓展适用

《劳动合同法》

第四十九条

《集体合同规定》

第十一章　监督检查

县级以上各级人民政府劳动行政部门依法对用人单位遵守劳动法律、法规的情况进行监督检查，对违反劳动法律、法规的行为有权制止，并责令改正。

🔄思维导图

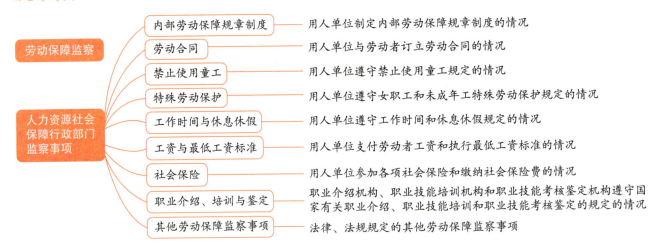

	内部劳动保障规章制度 —— 用人单位制定内部劳动保障规章制度的情况
劳动保障监察	劳动合同 —— 用人单位与劳动者订立劳动合同的情况
	禁止使用童工 —— 用人单位遵守禁止使用童工规定的情况
	特殊劳动保护 —— 用人单位遵守女职工和未成年工特殊劳动保护规定的情况
人力资源社会保障行政部门监察事项	工作时间与休息休假 —— 用人单位遵守工作时间和休息休假规定的情况
	工资与最低工资标准 —— 用人单位支付劳动者工资和执行最低工资标准的情况
	社会保险 —— 用人单位参加各项社会保险和缴纳社会保险费的情况
	职业介绍、培训与鉴定 —— 职业介绍机构、职业技能培训机构和职业技能考核鉴定机构遵守国家有关职业介绍、职业技能培训和职业技能考核鉴定的规定的情况
	其他劳动保障监察事项 —— 法律、法规规定的其他劳动保障监察事项

拓展适用

《劳动合同法》

第七十三条至第七十四条

第八十六条 【劳动监察机构的监察程序】

县级以上各级人民政府劳动行政部门监督检查人员执行公务，有权进入用人单位了解执行劳动法律、法规的情况，查阅必要的资料，并对劳动场所进行检查。

县级以上各级人民政府劳动行政部门监督检查人员执行公务，必须出示证件，秉公执法并遵守有关规定。

⚪ 思维导图

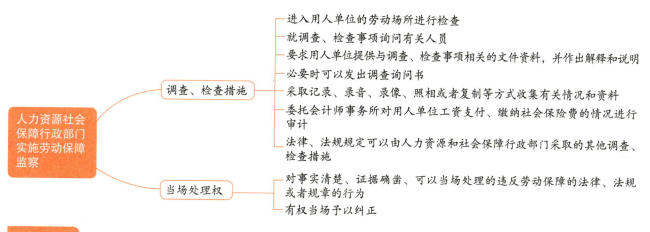

人力资源社会保障行政部门实施劳动保障监察

调查、检查措施
- 进入用人单位的劳动场所进行检查
- 就调查、检查事项询问有关人员
- 要求用人单位提供与调查、检查事项相关的文件资料，并作出解释和说明
- 必要时可以发出调查询问书
- 采取记录、录音、录像、照相或者复制等方式收集有关情况和资料
- 委托会计师事务所对用人单位工资支付、缴纳社会保险费的情况进行审计
- 法律、法规规定可以由人力资源和社会保障行政部门采取的其他调查、检查措施

当场处理权
- 对事实清楚、证据确凿、可以当场处理的违反劳动保障的法律、法规或者规章的行为
- 有权当场予以纠正

拓展适用

《劳动合同法》
第七十五条

第八十七条 【政府有关部门的监察】

县级以上各级人民政府有关部门在各自职责范围内，对用人单位遵守劳动法律、法规的情况进行监督。

要点注释

劳动行政主管部门之外的其他政府部门的监督也是我国劳动监察体系的重要组成部分。这里，相关行政部门的监督大致可以分为两类：（1）用人单位主管部门的监督。例如，矿山企业主管部门应当把检查企业遵守矿山安全法规的情况作为其首要职责。（2）市场监管、公安、卫生等专项执法部门的监督。例如，根据《禁止使用童工规定》，教育、公安等部门负有禁止使用童工的监督职责；根据劳动卫生法规的规定，卫生行政部门负有防尘防毒等防治职业病的监督职责。相关行政部门进行监督的方式主要有以下三种：（1）依法独立开展劳动监督活动；（2）依法对劳动行政部门、其他行政部门和工会组织的建议进行调查处理；（3）会同劳动行政部门等监督主体实施劳动监督。

拓展适用

《劳动合同法》
第七十六条

第八十八条 【工会监督、社会监督】

各级工会依法维护劳动者的合法权益，对用人单位遵守劳动法律、法规的情况进行监督。

任何组织和个人对于违反劳动法律、法规的行为有权检举和控告。

要点注释

工会监督是劳动监督检查的重要组成部分。但要注意，工会监督和行政监督是不同的，工会监督是一种广义上的社会监督，行政部门的监督是一种行政执法行为，其职权中包括行政处罚权和强制措施权，而工会的职权不包括这些内容，工会只能就用人单位违反劳动法的行为提出处理意见、建议和要求。

社会监督是指社会组织和个人的监督，是狭义的社会监督，其监督方式具有限定性，即只能采取检举和控告的方式进行监督。

拓展适用

《劳动合同法》

第七十八条

《工会法》

第三章

第十二章　法律责任

　　用人单位制定的劳动规章制度违反法律、法规规定的，由劳动行政部门给予警告，责令改正；对劳动者造成损害的，应当承担赔偿责任。

拓展适用

《劳动合同法》

第八十条

案例精析

1. 上海某公司诉王某劳动合同纠纷案

案号：（2020）沪 02 民终 10692 号

来源：人民法院案例库 2023-07-2-186-002

裁判要点

　　劳动者有自觉遵守用人单位规章制度的义务，而用人单位用工管理权的边界和行使方式亦应善意、宽容及合理，尊重法律法规及公序良俗。用工管理权的合理边界审查应遵循合法性、正当性及合理性限度。劳动者因直系亲属死亡等紧迫事由向用人单位请事假，且未超过合理期间的，符合公序良俗，用人单位行使管理权时应秉持"普通善良人"之衡量标准，予以理解和尊重。劳动者已履行请假申报程序，用人单位未予准假，事后以劳动者擅自离岗、严重违反规章制度为由径行解雇的，属于违法解除劳动合同。

2. 郑某诉自动化控制公司劳动合同纠纷案

来源：最高人民法院指导案例 181 号

裁判要点

　　本案的争议焦点在于：（1）自动化控制公司据以解除郑某劳动合同的《员工手册》和《商业行为准则》对郑某有无约束力；（2）郑某是否存在足以解除劳动合同的严重违纪行为。

　　关于争议焦点一，自动化控制公司据以解除郑某劳动合同的《员工手册》和《商业行为准则》对郑某有无约束力。在案证据显示，郑某持有异议的自动化控制公司 2017 年版《员工手册》《商业行为准则》分别于 2017 年 9 月、2014 年 12 月经自动化控制公司工会沟通会议进行讨论。郑某与自动化控制公司签订的劳动合同明确约定《员工手册》《商业行为准则》属于劳动合同的组成部分，郑某已阅读并理解和接受上述制度。在《员工手册》修订后，郑某亦再次签署确认书，确认已阅读、明白并愿接受2017年版《员工手册》，愿恪守公司政策作为在自动化控制公司工作的前提条件。在此情况下，自动化控制公司的《员工手册》《商业行为准则》应对郑某具有约束力。

关于争议焦点二，郑某是否存在足以解除劳动合同的严重违纪行为。一则，在案证据显示，自动化控制公司建立有工作场所性骚扰防范培训机制，郑某亦接受过相关培训。自动化控制公司《商业行为准则》要求经理、主管等管理人员在下属提出担忧或问题时能够专业并及时帮助解决，不能进行打击报复。自动化控制公司2017年版《员工手册》还将违反公司《商业行为准则》的行为列为会导致立即辞退的严重违纪行为范围。现郑某虽称相关女职工未提供受到骚扰的切实证据，其无法判断骚扰行为的真伪、对错，但从郑某在2018年8月30日谈话录音中对相关女职工初入职时向其出示的微信截屏所做的评述看，郑某本人亦不认为相关微信内容系同事间的正常交流，且郑某在相关女职工反复强调间接上级一直对她进行骚扰时，未见郑某积极应对帮助解决。所为皆为积极促成自己的下级与上级发展不正当关系。郑某的行为显然有悖其作为自动化控制公司部门主管应尽之职责，其相关答复内容亦有违公序良俗。此外，依据郑某自述，其在2018年8月30日谈话后应已明确知晓相关女职工与间接上级关系不好的原因，但郑某不仅未采取积极措施，反而认为相关女职工处理不当。在任某明确表示对邓某性骚扰的抗拒后，郑某于2018年11月中旬向人事经理提出任某性格不合群，希望公司能解除与任某的劳动合同，据此自动化控制公司主张郑某对相关

女职工进行打击报复，亦属合理推断。二则，自动化控制公司2017年版《员工手册》明确规定在公司内部调查中作虚假陈述的行为属于会导致立即辞退的严重违纪行为。自动化控制公司提供的2019年1月15日调查笔录显示，郑某在调查过程中存在虚假陈述情况。郑某虽称该调查笔录没有按照其所述内容记录，其不被允许修改很多内容，但此主张与郑某对该调查笔录中诸多问题的答复都进行过修改的事实相矛盾，法院对此不予采信。该调查笔录可以作为认定郑某存在虚假陈述的判断依据。

第九十条　【违法延长工时的法律责任】

用人单位违反本法规定，延长劳动者工作时间的，由劳动行政部门给予警告，责令改正，并可以处以罚款。

要点注释

本条规定的是用人单位违法延长工时的法律责任。根据《劳动保障监察条例》第二十五条的规定，用人单位违反劳动保障法律、法规或者规章延长劳动者工作时间的，由劳动保障行政部门给予警告，责令限期改正，并可以按照受侵害的劳动者每人100元以上500元以下的标准计算，处以罚款。

拓展适用

《劳动保障监察条例》
第二十一条

案例精析

1. 用人单位未与劳动者协商一致增加工作任务，劳动者是否有权拒绝

来源：劳动人事争议典型案例（第二批）①

裁判要点

本案的争议焦点是某报刊公司未与张某协商一致增加其工作任务，张某是否有权拒绝。

《劳动合同法》第三十一条规定，用人单位应当严格执行劳动定额标准，不得强迫或者变相强迫劳动者加班。第三十五条规定，用人单位与劳动者协商一致，可以变更劳动合同约定的内容。劳动合同是明确用人单位和劳动者权利义务的书面协议，未经变更，双方均应严格按照约定履行，特别是涉及工作时间等劳动定额标准的内容。

本案中，某报刊公司超出合理限度大幅增加张某的工作任务，应视为变更劳动合同约定的内容，违反了关于"协商一致"变更劳动合同的法律规定，已构成变相强迫劳动者加班。因此，张某有权依法拒绝上述安排。某报刊公司以张某不服从工作安排为由与其解除劳动合同不符合法律规定。故，仲裁委员会依法裁决某报刊公司支付张某违法解除劳动合同赔偿金。

允许用人单位与劳动者协商一致变更劳动合同，有利于保障用人单位根据生产经营需要合理调整用工安排的权利。但要注意的是，变更劳动合同要遵循合法、公平、平等自愿、协商一致、诚实

---

① 参见最高人民法院网站，https://www.court.gov.cn/zixun/xiangqing/319151.html，2024年10月25日访问。

信用的原则。工作量、工作时间的变更直接影响劳动者休息权的实现，用人单位对此进行大幅调整，应与劳动者充分协商，而不应采取强迫或者变相强迫的方式，更不得违反相关法律规定。

2. 劳动者超时加班发生工伤，用工单位、劳务派遣单位是否承担连带赔偿责任

来源：劳动人事争议典型案例（第二批）[1]

裁判要点

本案的争议焦点是李某超时加班发生工伤，用工单位与劳务派遣单位是否应承担连带赔偿责任。

《劳动法》第三十八条规定，用人单位应当保证劳动者每周至少休息一日。第四十一条规定，用人单位由于生产经营需要，经与工会和劳动者协商后可以延长工作时间，一般每日不得超过一小时；因特殊原因需要延长工作时间的，在保障劳动者身体健康的条件下延长工作时间每日不得超过三小时，但是每月不得超过三十六小时。《劳动合同法》第九十二条规定，用工单位给被派遣劳动者造成损害的，劳务派遣单位与用工单位承担连带赔偿责任。《国务院关于职工工作时间的规定》第三条规定，职工每日工作8小时、每周工作40小时。休息权是劳动者的基本劳动权利，即使在支付劳动者加班费的情况下，劳动者的工作时间仍然受到法定延长工作时间上限的制约。劳务派遣用工中，劳动者超时加班发生工伤，用工单位和劳务派遣单位对劳动者的损失均负有责任，应承担连带赔偿责任。劳动者与用工单位、劳务派遣

单位达成赔偿协议的，当赔偿协议存在违反法律、行政法规的强制性规定、欺诈、胁迫或者乘人之危情形时，不应认定赔偿协议有效；当赔偿协议存在重大误解或者显失公平情形时，应当支持劳动者依法行使撤销权。

本案中，某服务公司和某传媒公司协议约定的被派遣劳动者每天工作时间及每月工作保底工时，均严重超过法定标准。李某工亡前每月休息时间不超过3天，每日工作时间基本超过11小时，每月延长工作时间超过36小时数倍，其依法享有的休息权受到严重侵害。某传媒公司作为用工单位长期安排李某超时加班，存在过错，对李某在工作期间突发疾病死亡负有不可推卸的责任。惠某等主张某传媒公司与某服务公司就李某工伤的相关待遇承担连带赔偿责任，应予支持。惠某等虽与某传媒公司达成了赔偿协议，但赔偿协议是在劳动者未经社会保险行政部门认定工伤的情形下签订的，且赔偿协议约定的补偿数额明显低于法定工伤保险待遇标准，某服务公司和某传媒公司应对差额部分予以补足。

面对激烈的市场竞争环境，个别用人单位为降低用工成本、追求利润最大化，长期安排劳动者超时加班，对劳动者的身心健康、家庭和睦、参与社会生活等造成了严重影响，极端情况下会威胁劳动者的生命安全。本案系劳动者超时加班发生工伤而引发的工伤保险待遇纠纷，是超时劳动严重损害劳动者健康权的缩影。本案裁判明确了此种情况下用工单位、劳务派遣单位承担连带赔偿责任，可以有效避免劳务派遣用工中出现责任真空的现象，实现对劳动者合法权益的充分保障。同时，用人单位应依法为职工参加工伤保险，保障职工的工伤权益，也能分散自身风险。如用人单位未为职工参加工伤保险，工伤职工工伤保险待遇全部由用人单位支付。

---

[1]　参见最高人民法院网站，https://www.court.gov.cn/zixun/xiangqing/319151.html，2024年10月25日访问。

第九十一条 【用人单位侵权的民事责任】

用人单位有下列侵害劳动者合法权益情形之一的，由劳动行政部门责令支付劳动者的工资报酬、经济补偿，并可以责令支付赔偿金：

（一）克扣或者无故拖欠劳动者工资的；

（二）拒不支付劳动者延长工作时间工资报酬的；

（三）低于当地最低工资标准支付劳动者工资的；

（四）解除劳动合同后，未依照本法规定给予劳动者经济补偿的。

要点注释

用人单位有下列情形之一，迫使劳动者提出解除劳动合同的，用人单位应当支付劳动者的劳动报酬和经济补偿，并可支付赔偿金：（1）以暴力、威胁或者非法限制人身自由的手段强迫劳动的；（2）未按照劳动合同约定支付劳动报酬或者提供劳动条件的；（3）克扣或者无故拖欠劳动者工资的；（4）拒不支付劳动者延长工作时间工资报酬的；（5）低于当地最低工资标准支付劳动者工资的。

拓展适用

《劳动合同法》

第八十五条

《刑法》

第二百七十六条之一

《劳动保障监察条例》

第二十六条

《最高人民法院关于审理拒不支付劳动报酬刑事案件适用法律若干问题的解释》

第一条至第九条

案例精析

1. 张某诉德城区某幼儿园、德州某幼儿教育公司名誉权纠纷案

案号：（2022）鲁14民终1126号

来源：人民法院案例库 2024-07-2-006-002

裁判要点

（1）劳动者向人民法院起诉用人单位的理由系基于用人单位在《解除劳动合同通知书》中陈述的理由对其名誉权造成损害，而非对解除劳动关系的事实存在异议，不涉及劳动争议的范畴，故案件符合平等民事主体之间因人身关系或财产关系产生的纠纷，属于民事案件的受理范围。

（2）用人单位在《解除劳动合同通知书》中陈述的解除劳动合同关系的理由是否构成对劳动者名誉权的侵害，应当审查用人单位是否确有名誉侵权行为、劳动者是否确有名誉被损害的事实、侵权行为与损害后果之间是否有因果关系、用人单位主观上是否存在过错。用人单位在向劳动者出具的《解除劳动合同通知书》中陈述的事实涉及对劳动者存在严重不良职业行为的评价，造成劳动者社会信用受损，信誉度降低，可能妨碍劳动者顺利再就业的，应当认定用人单位的行为造成劳动者的名誉被损害，构成对劳动者的名誉侵权。

2. 蔡某诉万宁市人民政府行政复议案

案号：（2021）琼行终822号

来源：人民法院案例库 2023-12-3-016-016

裁判要点

为了切实保护自身合法权益，劳动者认为用人单位侵犯其劳动保障合法权益的，有权根据《劳动保障监察条例》等法律规定向劳动保障行政部门投诉，劳动保障行政部门也有责任对用人单位的违法行为依法给予相应的处罚。根据相关规定，用人单位不得将建设工程发包给不具备用工主体资格的组织或自然人，否则应对该组织或自然人招用的劳动者承担用工主体责任和拖欠工资的清偿责任，无论用人单位与劳动者之间是否形成劳动关系对此均不构成影响。

3. 唐某诉重庆某工业有限公司劳动合同纠纷案

案号：（2020）渝民再92号

来源：人民法院案例库 2023-16-2-186-004

裁判要点

依据《劳动合同法》第九十七条第三款之规定，在劳动合同法实施前，只要当时有支付经济补偿金的规定，用人单位就应当支付经济补偿金。若用人单位存在《劳动法》第九十一条规定的损害劳动者合法权益的情形，除非劳动者是在试用期内解除合同，否则用人单位应支付其自入职之日起至劳动合同法实施之日止的经济补偿金。

第九十二条 【用人单位违反劳动安全卫生规定的法律责任】

用人单位的劳动安全设施和劳动卫生条件不符合国家规定或者未向劳动者提供必要的劳动防护用品和劳动保护设施的，由劳动行政部门或者有关部门责令改正，可以处以罚款；情节严重的，提请县级以上人民政府决定责令停产整顿；对事故隐患不采取措施，致使发生重大事故，造成劳动者生命和财产损失的，对责任人员依照刑法有关规定追究刑事责任。

要点注释

本规定旨在确保用人单位为劳动者提供符合国家标准的劳动安全设施和劳动卫生条件，同时要求提供必要的劳动防护用品和劳动保护设施，以保障劳动者的生命安全和身体健康。这是关于劳动保护的重要一环，体现了对劳动者权益的高度重视。

拓展适用

《生产安全事故罚款处罚规定》

《生产经营单位安全培训规定》

第二十九条至第三十一条

《最高人民法院、最高人民检察院关于办理危害生产安全刑事案件适用法律若干问题的解释》

第十一条至第十二条

案例精析

1. 王某重大劳动安全事故案

案号：（2020）冀96刑终91号

来源：中国裁判文书网

裁判要点

王某作为面粉加工生产企业的主要负责人，安全意识淡薄，安全管理混乱，企业员工在生产车间内违规作业，致使发生粉尘爆炸，造成三人死亡、400万元直接经济损失的重大安全事故，其行为已构成重大劳动安全事故罪，且情节特别恶劣。王某提出其行为不构成犯罪，经查，在案证据足以证实上诉人王某系面粉加工生产企业的负责人，既是企业安全生产的主管人员又是直接责任人员，该企业在生产过程中发生本次安全事故，上诉人当然应当承担法律责任，该事故与产生相关生产活动的合同关系无关，且相关证据足以证明该企业安全管理混乱，企业员工在生产车间内违规作业，上诉人虽在案发后积极组织救治被害人，但事故仍造成三人死亡、400万元直接经济损失的严重后果，依法属情节特别恶劣，王某所提上诉理由不能成立，二审法院不予采纳。

2. 牛某重大劳动安全事故案

案号：（2020）冀01刑终186号
来源：中国裁判文书网

裁判要点

牛某在指挥建筑施工作业过程中，违反《建筑施工高处作业安全技术规范》的规定，未采取任何安全防范措施，因而发生重大伤亡事故，致一人死亡，其行为已构成重大劳动安全事故罪，应予惩处。鉴于牛某的家属积极赔偿死者家属部分经济损失，牛某一审自愿认罪认罚，可酌情从轻处罚。原判决认定事实和适用法律正确，量刑适当。

第九十三条 【强令劳动者违章作业的法律责任】

用人单位强令劳动者违章冒险作业，发生重大伤亡事故，造成严重后果的，对责任人员依法追究刑事责任。

要点注释

根据《刑法》第一百三十四条的规定，在生产、作业中违反有关安全管理的规定，因而发生重大伤亡事故或者造成其他严重后果的，处三年以下有期徒刑或者拘役；情节特别恶劣的，处三年以上七年以下有期徒刑。强令他人违章冒险作业，或者明知存在重大事故隐患而不排除，仍冒险组织作业，因而发生重大伤亡事故或者造成其他严重后果的，处五年以下有期徒刑或者拘役；情节特别恶劣的，处五年以上有期徒刑。另外，根据《劳动合同法》第三十二条第一款的规定，劳动者拒绝用人单位管理人员违章指挥、强令冒险作业的，不视为违反劳动合同。

拓展适用

《刑法》

第一百三十四条之一

《最高人民法院、最高人民检察院关于办理危害生产安全刑事案件适用法律若干问题的解释》

第五条至第六条

案例精析

1. 李某、王某华、焦某东等强令违章冒险作业、重大责任事故案

来源：人民法院、检察机关依法惩治危害生产安全犯罪典型案例之 2[①]

裁判要点

实践中，对生产、作业负有组织、指挥或者管理职责的人员虽未采取威逼、胁迫、恐吓等手段，但利用自己的组织、指挥、管理职权强制他人违章作业的，也可以构成强令违章冒险作业罪（强令他人违章冒险作业罪）。对于受他人强令违章冒险作业的一线生产、作业人员，应当综合考虑其所受到强令的程度、各自行为对引发事故所起作用大小，依法确定刑事责任。

[①] 参见最高人民法院网站，https://www.court.gov.cn/fabu-xiangqing-383601.html，2024 年 5 月 19 日访问。

2. 印某 1、印某 2 等重大责任事故案

来源：最高法院 12 月 15 日发布危害生产安全犯罪典型案例[①]

裁判要点

被告人在明知金银煤矿已被当地政府作出严禁开展生产的行政决定，且矿井口已被依法查封的情况下，拒不执行停产监管决定，擅自组织生产，对事故隐患未采取任何措施，导致发生特大责任事故，应当从重处罚。被告人印某 1、印某 2 作为金银煤矿的投资人，虽然已将煤矿承包给他人，但二人仍负有管理职责，且安排人员担任煤矿安全管理人和技术人员，依法应当认定为重大责任事故罪的犯罪主体。

3. 刘某 1、刘某 2、楚某重大劳动安全事故、非法采矿、单位行贿案

来源：最高法院 12 月 15 日发布危害生产安全犯罪典型案例[②]

裁判要点

被告人刘某 1、刘某 2、楚某作为立胜煤矿投资人和实际控制人，违反矿山资源法的规定，未取得采矿许可证即擅自采矿，情节特别严重，行为均已构成非法采矿罪；在立胜煤矿安全生产设施及安全生产条件不符合国家规定的情况下组织生产，因而发生重大伤亡事故，情节特别恶劣，其行为均已构成重大劳动安全事故罪；为给自己控制的煤矿谋取不正当利益和逃避监管，向国家机关工作人员行贿，情节严重，行为均已构成单位行贿罪，应依法并罚。刘某 2 系累犯，依法应当从重处罚；刘某 1、刘某 2、楚某在事故发生后均积极组织抢救，配合政府职能部门关闭整合当地其他违规开展生产的煤矿，并对事故遇难者家属进行了足额经济赔偿，可以酌情从轻处罚。

安全生产许可证过期后从事生产经营活动，或者采用封闭矿井口、临时遣散工人等弄虚作假手段和行贿方法故意逃避、阻挠负有安全监督管理职责的部门实施监督检查的，均应当从重处罚。

4. 桃子沟煤业公司等非法储存爆炸物，罗某、李某等重大责任事故案

来源：最高法院 12 月 15 日发布危害生产安全犯罪典型案例[③]

裁判要点

被告人李某作为桃子沟煤业公司隐名股东和实际控制人之一，负责煤矿安全生产管理，应认定为重大责任事故罪的犯罪主体。被告人在煤矿技改扩建期间违规组织生产，不安装瓦斯监控系统及传感器等必要的安全监控和报警设备，采取不发放作业人员定位识别卡、检查前封闭巷道等弄虚作假手段故意逃避、阻挠负有安全监督管理职责的部门实施监督检查，应当从重处罚。

---

①　参见最高人民法院网站，https://www.court.gov.cn/zixun/xiangqing/16324.html，2024 年 10 月 25 日访问。

②　参见最高人民法院网站，https://www.court.gov.cn/zixun/xiangqing/16324.html，2024 年 10 月 25 日访问。

③　参见最高人民法院网站，https://www.court.gov.cn/zixun/xiangqing/16324.html，2024 年 10 月 25 日访问。

第九十四条 【用人单位非法招用未成年工的法律责任】

用人单位非法招用未满十六周岁的未成年人的，由劳动行政部门责令改正，处以罚款；情节严重的，由市场监督管理部门吊销营业执照。

要点注释

国家机关、社会团体、企业事业单位、民办非企业单位或者个体工商户均不得招用不满十六周岁的未成年人。禁止任何单位或者个人为不满十六周岁的未成年人介绍就业。禁止不满十六周岁的未成年人开业从事个体经营活动。用人单位招用人员时，必须核查被招用人员的身份证；对不满十六周岁的未成年人，一律不得录用。用人单位录用人员的录用登记、核查材料应当妥善保管。

拓展适用

《禁止使用童工规定》

第九十五条 【违反女职工和未成年工保护规定的法律责任】

用人单位违反本法对女职工和未成年工的保护规定，侵害其合法权益的，由劳动行政部门责令改正，处以罚款；对女职工或者未成年工造成损害的，应当承担赔偿责任。

要点注释

用人单位有下列行为之一的，由劳动保障行政部门责令改正，按照受侵害的劳动者每人 1000 元以上 5000 元以下的标准计算，处以罚款：（1）安排女职工从事矿山井下劳动、国家规定的第四级体力劳动强度的劳动或者其他禁忌从事的劳动的；（2）安排女职工在经期从事高处、低温、冷水作业或者国家规定的第三级体力劳动强度的劳动的；（3）安排女职工在怀孕期间从事国家规定的第三级体力劳动强度的劳动或者孕期禁忌从事的劳动的；（4）安排怀孕七个月以上的女职工夜班劳动或者延长其工作时间的；（5）女职工生育享受产假少于九十天的；（6）安排女职工在哺乳未满一周岁的婴儿期间从事国家规定的第三级体力劳动强度的劳动或者哺乳期禁忌从事的其他劳动，以及延长其工作时间或者安排其夜班劳动的；（7）安排未成年工从事矿山井下、有毒有害、国家规定的第四级体力劳动强度的劳动或者其他禁忌从事的劳动的；（8）未对未成年工定期进行健康检查的。

案例精析

王某诉傅某性骚扰损害责任纠纷案

来源：第三批人民法院大力弘扬社会主义核心价值观典型民事案例之案例八[①]

裁判要点

本案明确指出性骚扰行为系对他人人格权的侵犯，严重背离了社会主义核心价值观的要求，侵权人应当依法承担赔礼道歉、赔偿精神损失等民事责任。本案判决不仅保护了受害人的合法权益，而且弘扬了文明、法治的社会主义核心价值观，有利于发挥司法裁判对社会行为的规范、引导作用，营造和谐的社会环境。

---

① 参见最高人民法院网站，https://www.court.gov.cn/zixun-xiangqing-390531.html，2023 年 5 月 19 日访问。

用人单位有下列行为之一，由公安机关对责任人员处以十五日以下拘留、罚款或者警告；构成犯罪的，对责任人员依法追究刑事责任：

（一）以暴力、威胁或者非法限制人身自由的手段强迫劳动的；

（二）侮辱、体罚、殴打、非法搜查和拘禁劳动者的。

拓展适用

《劳动合同法》

第八十八条

《刑法》

第二百四十四条

案例精析

李某、邹某等与农业生产公司劳动争议案

案号：（2022）辽03民终3093号

来源：中国裁判文书网

裁判要点

张某对李某过度用工表现如下：要求李某为新建大棚区作专职技术服务。李某告诉家属：公司要求李某在正常已有业务的基础上对新建大棚区作全程专职技术服务，因为吃住一体都在大棚，导致李某身体受凉，提出返回原市场，这些人不放李某走，给公司打电话询问李某是否作过相关手术，经证实后还是不放李某走，李某坐买菜车回到原市场后。公司还是要求李某去新建大棚区，李某接着又去了几次，李某告诉家属说感觉后面总有人跟着。因为新建大棚的那些人早的凌晨4点晚的夜里11点半，让李某不得休息，离开这家大棚到那家大棚，还没指导完就接听到另外几个棚户的电话，李某指导完这家黄瓜去指导那家茄子再去指导别家的其他蔬菜，为了避免指导出错造成不必要的经济损失，李某常看书到深夜。对此情况，公司不顾李某的休息，依然要求李某坚守在大棚里。

第九十七条 【订立无效合同的民事责任】

由于用人单位的原因订立的无效合同，对劳动者造成损害的，应当承担赔偿责任。

要点注释

劳动合同被确认无效，劳动者已付出劳动的，用人单位应当向劳动者支付劳动报酬。劳动报酬的数额，参照本单位相同或者相近岗位劳动者的劳动报酬确定。

拓展适用

《劳动合同法》
第二十八条

《最高人民法院关于审理劳动争议案件适用法律问题的解释（一）》
第四十一条

第九十八条 【违法解除或故意拖延不订立劳动合同的法律责任】

用人单位违反本法规定的条件解除劳动合同或者故意拖延不订立劳动合同的，由劳动行政部门责令改正；对劳动者造成损害的，应当承担赔偿责任。

要点注释

《劳动合同法》对用人单位的这种行为规定了双倍的罚则：（1）用人单位违反《劳动合同法》的规定解除或终止劳动合同的，按照正常经济补偿金标准的二倍向劳动者支付经济补偿金。（2）用人单位自用工之日起超过一个月不满一年未与劳动者订立书面劳动合同的，应当向劳动者每月支付二倍的工资；用人单位自用工之日起超过一年不与劳动者订立书面劳动合同的，视为用人单位与劳动者已订立无固定期限劳动合同；用人单位违反劳动合同法规定不与劳动者订立无固定期限劳动合同的，自应当订立无固定期限劳动合同之日起向劳动者每月支付二倍的工资。要注意，《劳动合同法》规定的这种罚则，并没有"给劳动者造成损害"这一限定性的要求，也就是说，只要用人单位违反法律规定解除劳动合同或者故意拖延不订立劳动合同的，都应当支付经济补偿金或者双倍工资。

拓展适用

《劳动合同法》
第八十二条、第八十七条

《劳动保障监察条例》
第二十四条

第九十九条 【招用尚未解除劳动合同者的法律责任】

用人单位招用尚未解除劳动合同的劳动者，对原用人单位造成经济损失的，该用人单位应当依法承担连带赔偿责任。

要点注释

这种情况下，原用人单位起诉劳动者的，可以列新的用人单位为第三人；原用人单位以新的用人单位侵权起诉至人民法院的，可以列劳动者为第三人；原用人单位以用人单位和劳动者共同侵权向人民法院起诉的，新的用人单位和劳动者作为共同被告。

拓展适用

《劳动合同法》
第九十一条

《最高人民法院关于审理劳动争议案件适用法律问题的解释（一）》
第二十七条

第一百条 【用人单位不缴纳社会保险费的法律责任】

用人单位无故不缴纳社会保险费的，由劳动行政部门责令其限期缴纳；逾期不缴的，可以加收滞纳金。

要点注释

《社会保险费征缴暂行条例》规定，缴费单位不按规定缴纳和代扣代缴社会保险费，由劳动保障行政部门或者税务机关责令限期缴纳；逾期仍不缴纳的，除补缴欠缴数额外，从欠缴之日起，按日加收欠缴费额千分之二的滞纳金。滞纳金并入社会保险基金。缴费单位拒不缴纳社会保险费、滞纳金的，由劳动保障行政部门或者税务机关申请人民法院依法强制征缴。

拓展适用

《社会保险费征缴暂行条例》

第十三条、第二十六条

《最高人民法院关于审理劳动争议案件适用法律问题的解释（一）》

第一条

用人单位无理阻挠劳动行政部门、有关部门及其工作人员行使监督检查权，打击报复举报人员的，由劳动行政部门或者有关部门处以罚款；构成犯罪的，对责任人员依法追究刑事责任。

要点注释

用人单位实施下列行为之一的，应认定为本条中的"无理阻挠"行为：（1）阻止劳动监督检查人员进入用人单位内（包括进入劳动现场）进行监督检查的；（2）隐瞒事实真相，出具伪证，或者隐匿、毁灭证据的；（3）拒绝提供有关资料的；（4）拒绝在规定的时间和地点就劳动行政部门所提问题作出解释和说明的；（5）法律、法规和规章规定的其他情况。

拓展适用

《劳动保障监察条例》
第二十七条

劳动者违反本法规定的条件解除劳动合同或者违反劳动合同中约定的保密事项，对用人单位造成经济损失的，应当依法承担赔偿责任。

要点注释

用人单位与劳动者可以在劳动合同中约定保守用人单位的商业秘密和与知识产权相关的保密事项。对负有保密义务的劳动者，用人单位可以在劳动合同或者保密协议中与劳动者约定竞业限制条款，并约定在解除或者终止劳动合同后，在竞业限制期限内按月给予劳动者经济补偿。劳动者违反竞业限制约定的，应当按照约定向用人单位支付违约金。竞业限制的人员限于用人单位的高级管理人员、高级技术人员和其他负有保密义务的人员。竞业限制的范围、地域、期限由用人单位与劳动者约定，竞业限制的约定不得违反法律、法规的规定。在解除或者终止劳动合同后，前述人员到与本单位生产或者经营同类产品、从事同类业务的有竞争关系的其他用人单位，或者自己开业生产或者经营同类产品、从事同类业务的竞业限制期限，不得超过2年。

拓展适用

《劳动合同法》
第二十三条、第二十四条、第九十条

案例精析

大连某数据平台管理中心诉崔某某侵害技术秘密纠纷案

案号：（2021）最高法知民终1687号
来源：人民法院案例库 2023-13-2-176-003

裁判要点

技术秘密权利人与职工经协商在保守商业秘密条款中就侵权责任的方式、侵权损害赔偿数额计算作出的约定，属于双方就未来可能发生的侵权损害赔偿达成的事前约定，人民法院在确定侵害技术秘密赔偿数额时可以将之作为重要参考。

劳动行政部门或者有关部门的工作人员滥用职权、玩忽职守、徇私舞弊，构成犯罪的，依法追究刑事责任；不构成犯罪的，给予行政处分。

案例精析

张某、某市中级人民法院错误执行赔偿案

案号：（2018）最高法委赔监 114 号

来源：中国裁判文书网

裁判要点

法院赔偿委员会认为，张某就其与某公司因工资差额、休息日加班费等费用争议提起的劳动争议民事诉讼经过法院审理，从实体上支持了其部分诉讼请求，即某公司并未提供合法有效的劳动合同，也未提供有张某签名的工资台账证实张某的实际工资数额标准，应承担举证不能的不利后果。法院采信张某该项请求的主张，责令某公司支付张某 2012 年 7 月 1 日至 2013 年 4 月 30 日的工资差额 10000 元；驳回其他诉讼请求。而其后张某提起的要求某公司支付双倍工资的民事诉讼并未得到两审法院的支持，且最终某省高院作出驳回其再审申请的民事裁定，某市人民检察院也作出不支持监督申请决定。以上均证明目前生效的民事判决是某市中级人民法院作出的两份二审民事判决，并没有新的民事

判决出现，不能证明生效判决错误，亦没有证据证明审判人员违法审理。且根据《国家赔偿法》第三十八条的规定，人民法院在民事诉讼过程中，违法采取对妨害诉讼的强制措施、保全措施或者对判决、裁定及其他生效法律文书执行错误，造成损害的，赔偿请求人有权要求赔偿。民事错判、枉法裁判等均不属于该条规定的赔偿范围，亦不属于《最高人民法院关于国家赔偿案件立案工作的规定》第一条规定的国家赔偿案件的受案范围。故，张某提出某市中级人民法院违法审理作出错误判决，侵害了其合法权益，要求国家赔偿的申诉事项，没有法律依据。

第一百零四条 【挪用社会保险基金的法律责任】

国家工作人员和社会保险基金经办机构的工作人员挪用社会保险基金，构成犯罪的，依法追究刑事责任。

要点注释

对于挪用社会保险基金有违法所得的，没收违法所得，并入社会保险基金；构成犯罪的，依法追究刑事责任；尚不构成犯罪的，对直接负责的主管人员和其他直接责任人员依法给予行政处分。判断国家工作人员和社会保险基金经办机构工作人员挪用社保基金的行为是否构成犯罪并承担责任，须考虑以下条件：（1）犯罪主体只能是国家工作人员和社会保险经办机构的工作人员。（2）挪用社会保险基金的行为已经达到构成犯罪的数额。轻微挪用社会保险基金，不构成犯罪时，应当依照行政法规和规章的规定进行处理。（3）犯罪人主观上必须是故意的。目前《刑法》没有对国家工作人员和社会保险经办机构工作人员挪用社会保险基金的行为进行专门刑罚规定，实践中可以参考《刑法》中对挪用公款罪的规定进行处理。

拓展适用

《刑法》
第三百八十四条
《社会保险费征缴暂行条例》
第二十八条

第一百零五条 【其他法律、行政法规的处罚效力】

违反本法规定侵害劳动者合法权益，其他法律、行政法规已规定处罚的，依照该法律、行政法规的规定处罚。

要点注释

《劳动法》仅对侵害劳动者合法权益的行为予以处罚作了专门规定。但侵害劳动者合法权益的行为是多种多样的，本法不可能将其穷尽并规定出具体的处罚措施。同时，社会关系是错综复杂的，调整社会关系的法律、法规相互之间也有重合之处，违反本法规定侵害劳动者合法权益的行为，在其他法律、法规中也可能规定了处罚措施。因此，为了与其他法律、法规相衔接，本条规定违反本法规定侵害劳动者合法权益，其他法律、法规已规定处罚的，依照该法律、法规的规定处罚。

拓展适用

《安全生产法》
第九十条至第一百一十六条

《刑法》

第十三章 附 则

第一百零六条 【省级人民政府实施步骤的制定和备案】

省、自治区、直辖市人民政府根据本法和本地区的实际情况，规定劳动合同制度的实施步骤，报国务院备案。

拓展适用

《吉林省劳动合同条例》

《北京市劳动人事争议仲裁文书电子送达和网上公告送达规定》

第一百零七条 【施行时间】

本法自 1995 年 1 月 1 日起施行。

案例精析

某集团某县分公司、安某等劳动争议案

案号：（2024）新 28 民终 714 号

来源：中国裁判文书网

裁判要点

本案中，双方均认可安某至原某县邮电局处提供服务的时间为 1990 年 1 月，而我国第一部劳动法，即《劳动法》第一百零七条规定："本法自 1995 年 1 月 1 日起施行。"故，本案双方于 1990 年 1 月至 1995 年 1 月 1 日前建立的关系不受该法所规制。根据规定，在 1995 年 1 月 1 日之前，企业招用工人，由劳动行政主管部门审批下达招工计划、执行招工政策，对招工工作进行监督和检查并办理录用手续。这种用工是在劳动行政主管部门主导和指令下进行的，与我国现行的劳动用工制度有明显的区别。鉴于本案被上诉人安某参加工作时，我国所实施的经济体制，又因该时期形成的劳动用工关系及劳动争议属于历史遗留问题，该时期的企业不具备用工自主权，不能与劳动者自行建立劳动关系，不具备形成事实劳动关系的主体条件。上诉人的前身邮电局系国有企业性质，被上诉人安某在 1990 年 1 月参加工作时，上诉人并不具备与劳动者自行建立劳动关系的自主权，故安某要求确认 1995 年 1 月 1 日前与上诉人存在劳动关系，系计划经济时代的用工关系，不属于人民法院民事案件审理的范围。

附录

社会保险经办条例

（2023 年 7 月 21 日国务院第 11 次常务会议通过　2023 年 8 月 16 日中华人民共和国国务院令第 765 号公布　自 2023 年 12 月 1 日起施行）

第一章　总　　则

第一条　为了规范社会保险经办，优化社会保险服务，保障社会保险基金安全，维护用人单位和个人的合法权益，促进社会公平，根据《中华人民共和国社会保险法》，制定本条例。

第二条　经办基本养老保险、基本医疗保险、工伤保险、失业保险、生育保险等国家规定的社会保险，适用本条例。

第三条　社会保险经办工作坚持中国共产党的领导，坚持以人民为中心，遵循合法、便民、及时、公开、安全的原则。

第四条　国务院人力资源社会保障行政部门主管全国基本养老保险、工伤保险、失业保险等社会保险经办工作。国务院医疗保障行政部门主管全国基本医疗保险、生育保险等社会保险经办工作。

县级以上地方人民政府人力资源社会保障行政部门按照统筹层次主管基本养老保险、工伤保险、失业保险等社会保险经办工作。县级以上地方人民政府医疗保障行政部门按照统筹层次主管基本医疗保险、生育保险等社会保险经办工作。

第五条　国务院人力资源社会保障行政部门、医疗保障行政部门以及其他有关部门按照各自职责，密切配合、相互协作，共同做好社会保险经办工作。

县级以上地方人民政府应当加强对本行政区域社会保险经办工作的领导，加强社会保险经办能力建设，为社会保险经办工作提供保障。

第二章　社会保险登记和关系转移

第六条　用人单位在登记管理机关办理登记时同步办理社会保险登记。

个人申请办理社会保险登记，以公民身份号码作为社会保障号码，取得社会保障卡和医保电子凭证。社会保险经办机构应当自收到申请之日起 10 个工作日内办理完毕。

第七条　社会保障卡是个人参加基本养老保险、基本医疗保险、工伤保险、失业保险、生育保险等社会保险和享受各项社会保险待遇的凭证，包括实体社会保障卡和电子社会保障卡。

医保电子凭证是个人参加基本医疗保险、生育保险等社会保险和享受基本医疗保险、生育保险等社会保险待遇的凭证。

第八条　登记管理机关应当将用人单位设立、变更、注销登记的信息与社会保险经办机构共享，公安、民政、卫生健康、司法行政等部门应当将个人的出生、死亡以及户口登记、迁移、注销等信息与社会保险经办机构共享。

第九条　用人单位的性质、银行账户、用工等参保信息发生变化，以及个人参保信息发生变化的，用人单位和个人应当及时告知社会保险经办机构。社会保险经办机构应当对用人单位和个人提供的参保信息与共享信息进行比对核实。

第十条　用人单位和个人申请变更、注销社会保险登记，社会保险经办机构应当自收到申请之日起 10 个工作日内办理完毕。用人单位注销社会保险登记的，应当先结清欠缴的社会保险费、滞纳金、罚款。

第十一条　社会保险经办机构应当及时、完整、准确记录下列信息：

（一）社会保险登记情况；

（二）社会保险费缴纳情况；

（三）社会保险待遇享受情况；

（四）个人账户情况；

（五）与社会保险经办相关的其他情况。

第十二条　参加职工基本养老保险的个人跨统筹地区就业，其职工基本养老保险关系随同转移。

参加职工基本养老保险的个人在机关事业单位与企业等不同性质用人单位之间流动就业，其职工基本养老保险关系随同转移。

参加城乡居民基本养老保险且未享受待遇的个人跨统筹地区迁移户籍，其城乡居民基本养老保险关系可以随同转移。

第十三条　参加职工基本医疗保险的个人跨统筹地区就业，其职工基本医疗保险关系随同转移。

参加城乡居民基本医疗保险的个人跨统筹地区迁移户籍或者变动经常居住地，其城乡居民基本医疗保险关系可以按照规定随同转移。

职工基本医疗保险与城乡居民基本医疗保险之间的关系转移，按照规定执行。

第十四条　参加失业保险的个人跨统筹地区就业，其失业保险关系随同转移。

第十五条　参加工伤保险、生育保险的个人跨统筹地区就业，在新就业地参加工伤保险、生育保险。

第十六条　用人单位和个人办理社会保险关系转移接续手续的，社会保险经办机构应当在规定时限内办理完毕，并将结果告知用人单位和个人，或者提供办理情况查询服务。

第十七条　军事机关和社会保险经办机构，按照各自职责办理军人保险与社会保险关系转移接续手续。

社会保险经办机构应当为军人保险与社会保险关系转移接续手续办理优先提供服务。

第三章　社会保险待遇核定和支付

第十八条　用人单位和个人应当按照国家规定，向社会保险经办机构提出领取基本养老金的申请。社会保险经办机构应当自收到申请之日起 20 个工作日内办理完毕。

第十九条　参加职工基本养老保险的个人死亡或者失业人员在领取失业保险金期间死亡，其遗属可以依法向社会保险经办机构申领丧葬补助金和抚恤金。社会保险经办机构应当及时核实有关情况，按照规定核定并发放丧葬补助金和抚恤金。

第二十条　个人医疗费用、生育医疗费用中应当由基本医疗保险（含生育保险）基金支付的部分，由社会保险经办机构审核后与医疗机构、药品经营单位直接结算。

因特殊情况个人申请手工报销，应当向社会保险经办机构提供医疗机构、药品经营单位的收费票据、费用清单、诊断证明、病历资料。社会保险经办机构应当对收费票据、费用清单、诊断证明、病历资料进行审核，并自收到申请之日起 30 个工作日内办理完毕。

参加生育保险的个人申领生育津贴，应当向社会保险经办机构提供病历资料。社会保险经办机构应当对病历资料进行审核，并自收到申请之日起 10 个工作日内办理完毕。

第二十一条　工伤职工及其用人单位依法申请劳动能力鉴定、辅助器具配置确认、停工留薪期延长确认、工伤旧伤复发确认，应当向社会保险经办机构提供诊断证明、病历资料。

第二十二条　个人治疗工伤的医疗费用、康复费用、安装配置辅助器具费用中应当由工伤保险基金支付的部分，由社会保险经办机构审核后与医疗机构、辅助器具配置机构直接结算。

因特殊情况用人单位或者个人申请手工报销，应当向社会保险经办机构提供医疗机构、辅助器具配置机构的收费票据、费用清单、诊断证明、病历资料。社会保险经办机构应当对收费票据、费用清单、诊断证明、病历资料进行审核，并自收到申请之日起 20 个工作日内办理完毕。

第二十三条　人力资源社会保障行政部门、医疗保障行政部门应当按照各自职责建立健全异地就医医疗费用结算制度。社会保险经办机构应当做好异地就医医疗费用结算工作。

第二十四条　个人申领失业保险金，社会保险经办机构应当自收到申请之日起 10 个工作日内办理完毕。

个人在领取失业保险金期间，社会保险经办机构应当从失业保险基金中支付其应当缴纳的基本医疗保险（含生育保险）费。

个人申领职业培训等补贴，应当提供职业资格证书或者职业技能等级证书。社会保险经办机构应当对职业资格证书或者职业技能等级证书进行审核，并自收到申请之日起 10 个工作日内办理完毕。

第二十五条　个人出现国家规定的停止享受社会保险待遇的情形，用人单位、待遇享受人员或者其亲属应当自相关情形发生之日起 20 个工作日内告知社会保险经办机构。社会保险经办机构核实后应当停止发放相应的社会保险待遇。

第二十六条　社会保险经办机构应当通过信息比对、自助认证等方式，核验社会保险待遇享受资格。通过信息比对、自助认证等方式无法确认社会保险待遇享受资格的，社会保险经办机构可以委托用人单位或者第三方机构进行核实。

对涉嫌丧失社会保险待遇享受资格后继续享受待遇的，社会保险经办机构应当调查核实。经调查确认不符合社会保险待遇享受资格的，停止发放待遇。

第四章　社会保险经办服务和管理

第二十七条　社会保险经办机构应当依托社会保险公共服务平台、医疗保障信息平台等实现跨部门、跨统筹地区社会保险经办。

第二十八条 社会保险经办机构应当推动社会保险经办事项与相关政务服务事项协同办理。社会保险经办窗口应当进驻政务服务中心，为用人单位和个人提供一站式服务。

人力资源社会保障行政部门、医疗保障行政部门应当强化社会保险经办服务能力，实现省、市、县、乡镇（街道）、村（社区）全覆盖。

第二十九条 用人单位和个人办理社会保险事务，可以通过政府网站、移动终端、自助终端等服务渠道办理，也可以到社会保险经办窗口现场办理。

第三十条 社会保险经办机构应当加强无障碍环境建设，提供无障碍信息交流，完善无障碍服务设施设备，采用授权代办、上门服务等方式，为老年人、残疾人等特殊群体提供便利。

第三十一条 用人单位和个人办理社会保险事务，社会保险经办机构要求其提供身份证件以外的其他证明材料的，应当有法律、法规和国务院决定依据。

第三十二条 社会保险经办机构免费向用人单位和个人提供查询核对社会保险缴费和享受社会保险待遇记录、社会保险咨询等相关服务。

第三十三条 社会保险经办机构应当根据经办工作需要，与符合条件的机构协商签订服务协议，规范社会保险服务行为。人力资源社会保障行政部门、医疗保障行政部门应当加强对服务协议订立、履行等情况的监督。

第三十四条 医疗保障行政部门所属的社会保险经办机构应当改进基金支付和结算服务，加强服务协议管理，建立健全集体协商谈判机制。

第三十五条 社会保险经办机构应当妥善保管社会保险经办信息，确保信息完整、准确和安全。

第三十六条 社会保险经办机构应当建立健全业务、财务、安全和风险管理等内部控制制度。

社会保险经办机构应当定期对内部控制制度的制定、执行情况进行检查、评估，对发现的问题进行整改。

第三十七条 社会保险经办机构应当明确岗位权责，对重点业务、高风险业务分级审核。

第三十八条 社会保险经办机构应当加强信息系统应用管理，健全信息核验机制，记录业务经办过程。

第三十九条 社会保险经办机构具体编制下一年度社会保险基金预算草案，报本级人力资源社会保障行政部门、医疗保障行政部门审核汇总。社会保险基金收入预算草案由社会保险经办机构会同社会保险费征收机构具体编制。

第四十条 社会保险经办机构设立社会保险基金支出户，用于接受财政专户拨入基金、支付基金支出款项、上解上级经办机构基金、下拨下级经办机构基金等。

第四十一条 社会保险经办机构应当按照国家统一的会计制度对社会保险基金进行会计核算、对账。

第四十二条 社会保险经办机构应当核查下列事项：

（一）社会保险登记和待遇享受等情况；

（二）社会保险服务机构履行服务协议、执行费用结算项目和标准情况；

（三）法律、法规规定的其他事项。

第四十三条　社会保险经办机构发现社会保险服务机构违反服务协议的，可以督促其履行服务协议，按照服务协议约定暂停或者不予拨付费用、追回违规费用、中止相关责任人员或者所在部门涉及社会保险基金使用的社会保险服务，直至解除服务协议；社会保险服务机构及其相关责任人员有权进行陈述、申辩。

第四十四条　社会保险经办机构发现用人单位、个人、社会保险服务机构违反社会保险法律、法规、规章的，应当责令改正。对拒不改正或者依法应当由人力资源社会保障行政部门、医疗保障行政部门处理的，及时移交人力资源社会保障行政部门、医疗保障行政部门处理。

第四十五条　国务院人力资源社会保障行政部门、医疗保障行政部门会同有关部门建立社会保险信用管理制度，明确社会保险领域严重失信主体名单认定标准。

社会保险经办机构应当如实记录用人单位、个人和社会保险服务机构及其工作人员违反社会保险法律、法规行为等失信行为。

第四十六条　个人多享受社会保险待遇的，由社会保险经办机构责令退回；难以一次性退回的，可以签订还款协议分期退回，也可以从其后续享受的社会保险待遇或者个人账户余额中抵扣。

第五章　社会保险经办监督

第四十七条　人力资源社会保障行政部门、医疗保障行政部门按照各自职责对社会保险经办机构下列事项进行监督检查：

（一）社会保险法律、法规、规章执行情况；

（二）社会保险登记、待遇支付等经办情况；

（三）社会保险基金管理情况；

（四）与社会保险服务机构签订服务协议和服务协议履行情况；

（五）法律、法规规定的其他事项。

财政部门、审计机关按照各自职责，依法对社会保险经办机构的相关工作实施监督。

第四十八条　人力资源社会保障行政部门、医疗保障行政部门应当按照各自职责加强对社会保险服务机构、用人单位和个人遵守社会保险法律、法规、规章情况的监督检查。社会保险服务机构、用人单位和个人应当配合，如实提供与社会保险有关的资料，不得拒绝检查或者谎报、瞒报。

人力资源社会保障行政部门、医疗保障行政部门发现社会保险服务机构、用人单位违反社会保险法律、法规、规章的，应当按照各自职责提出处理意见，督促整改，并可以约谈相关负责人。

第四十九条　人力资源社会保障行政部门、医疗保障行政部门、社会保险经办机构及其工作人员依法保护用人单位和个人的信息，不得以任何形式泄露。

第五十条　人力资源社会保障行政部门、医疗保障行政部门应当畅通监督渠道，鼓励和支持社会各方面对社会保险经办进行监督。

社会保险经办机构应当定期向社会公布参加社会保险情况以及社会保险基金的收入、支出、结余和收益情况，听取用人单位和个人的意见建议，接受社会监督。

工会、企业代表组织应当及时反映用人单位和个人对社会保险经办的意见建议。

第五十一条 任何组织和个人有权对违反社会保险法律、法规、规章的行为进行举报、投诉。

人力资源社会保障行政部门、医疗保障行政部门对收到的有关社会保险的举报、投诉，应当依法进行处理。

第五十二条 用人单位和个人认为社会保险经办机构在社会保险经办工作中侵害其社会保险权益的，可以依法申请行政复议或者提起行政诉讼。

第六章 法律责任

第五十三条 社会保险经办机构及其工作人员有下列行为之一的，由人力资源社会保障行政部门、医疗保障行政部门按照各自职责责令改正；给社会保险基金、用人单位或个人造成损失的，依法承担赔偿责任；对负有责任的领导人员和直接责任人员依法给予处分：

（一）未履行社会保险法定职责的；

（二）违反规定要求提供证明材料的；

（三）克扣或者拒不按时支付社会保险待遇的；

（四）丢失或者篡改缴费记录、享受社会保险待遇记录等社会保险数据、个人权益记录的；

（五）违反社会保险经办内部控制制度的。

第五十四条 人力资源社会保障行政部门、医疗保障行政部门、社会保险经办机构及其工作人员泄露用人单位和个人信息的，对负有责任的领导人员和直接责任人员依法给予处分；给用人单位或者个人造成损失的，依法承担赔偿责任。

第五十五条 以欺诈、伪造证明材料或者其他手段骗取社会保险基金支出的，由人力资源社会保障行政部门、医疗保障行政部门按照各自职责责令退回，处骗取金额 2 倍以上 5 倍以下的罚款；属于定点医药机构的，责令其暂停相关责任部门 6 个月以上 1 年以下涉及社会保险基金使用的社会保险服务，直至由社会保险经办机构解除服务协议；属于其他社会保险服务机构的，由社会保险经办机构解除服务协议。对负有责任的领导人员和直接责任人员，有执业资格的，由有关主管部门依法吊销其执业资格。

第五十六条 隐匿、转移、侵占、挪用社会保险基金或者违规投资运营的，由人力资源社会保障行政部门、医疗保障行政部门、财政部门、审计机关按照各自职责责令追回；有违法所得的，没收违法所得；对负有责任的领导人员和直接责任人员依法给予处分。

第五十七条 社会保险服务机构拒绝人力资源社会保障行政部门、医疗保障行政部门监督检查或者谎报、瞒报有关情况的，由人力资源社会保障行政部门、医疗保障行政部门按照各自职责责令改正，并可以约谈有关负责人；拒不改正的，处 1 万元以上 5 万元以下的罚款。

第五十八条 公职人员在社会保险经办工作中滥用职权、玩忽职守、徇私舞弊的，依法给予处分。

第五十九条　违反本条例规定，构成违反治安管理行为的，依法给予治安管理处罚；构成犯罪的，依法追究刑事责任。

第七章　附　则

第六十条　本条例所称社会保险经办机构，是指人力资源社会保障行政部门所属的经办基本养老保险、工伤保险、失业保险等社会保险的机构和医疗保障行政部门所属的经办基本医疗保险、生育保险等社会保险的机构。

第六十一条　本条例所称社会保险服务机构，是指与社会保险经办机构签订服务协议，提供社会保险服务的医疗机构、药品经营单位、辅助器具配置机构、失业保险委托培训机构等机构。

第六十二条　社会保障卡加载金融功能，有条件的地方可以扩大社会保障卡的应用范围，提升民生服务效能。医保电子凭证可以根据需要，加载相关服务功能。

第六十三条　本条例自 2023 年 12 月 1 日起施行。

保障农民工工资支付条例

（2019 年 12 月 4 日国务院第 73 次常务会议通过　2019 年 12 月 30 日中华人民共和国国务院令第 724 号公布　自 2020 年 5 月 1 日起施行）

第一章　总　则

第一条　为了规范农民工工资支付行为，保障农民工按时足额获得工资，根据《中华人民共和国劳动法》及有关法律规定，制定本条例。

第二条　保障农民工工资支付，适用本条例。

本条例所称农民工，是指为用人单位提供劳动的农村居民。

本条例所称工资，是指农民工为用人单位提供劳动后应当获得的劳动报酬。

第三条　农民工有按时足额获得工资的权利。任何单位和个人不得拖欠农民工工资。

农民工应当遵守劳动纪律和职业道德，执行劳动安全卫生规程，完成劳动任务。

第四条　县级以上地方人民政府对本行政区域内保障农民工工资支付工作负责，建立保障农民工工资支付工作协调机制，加强监管能力建设，健全保障农民工工资支付工作目标责任制，并纳入对本级人民政府有关部门和下级人民政府进行考核和监督的内容。

乡镇人民政府、街道办事处应当加强对拖欠农民工工资矛盾的排查和调处工作，防范和化解矛盾，及时调解纠纷。

第五条 保障农民工工资支付，应当坚持市场主体负责、政府依法监管、社会协同监督，按照源头治理、预防为主、防治结合、标本兼治的要求，依法根治拖欠农民工工资问题。

第六条 用人单位实行农民工劳动用工实名制管理，与招用的农民工书面约定或者通过依法制定的规章制度规定工资支付标准、支付时间、支付方式等内容。

第七条 人力资源社会保障行政部门负责保障农民工工资支付工作的组织协调、管理指导和农民工工资支付情况的监督检查，查处有关拖欠农民工工资案件。

住房城乡建设、交通运输、水利等相关行业工程建设主管部门按照职责履行行业监管责任，督办因违法发包、转包、违法分包、挂靠、拖欠工程款等导致的拖欠农民工工资案件。

发展改革等部门按照职责负责政府投资项目的审批管理，依法审查政府投资项目的资金来源和筹措方式，按规定及时安排政府投资，加强社会信用体系建设，组织对拖欠农民工工资失信联合惩戒对象依法依规予以限制和惩戒。

财政部门负责政府投资资金的预算管理，根据经批准的预算按规定及时足额拨付政府投资资金。

公安机关负责及时受理、侦办涉嫌拒不支付劳动报酬刑事案件，依法处置因农民工工资拖欠引发的社会治安案件。

司法行政、自然资源、人民银行、审计、国有资产管理、税务、市场监管、金融监管等部门，按照职责做好与保障农民工工资支付相关的工作。

第八条 工会、共产主义青年团、妇女联合会、残疾人联合会等组织按照职责依法维护农民工获得工资的权利。

第九条 新闻媒体应当开展保障农民工工资支付法律法规政策的公益宣传和先进典型的报道，依法加强对拖欠农民工工资违法行为的舆论监督，引导用人单位增强依法用工、按时足额支付工资的法律意识，引导农民工依法维权。

第十条 被拖欠工资的农民工有权依法投诉，或者申请劳动争议调解仲裁和提起诉讼。

任何单位和个人对拖欠农民工工资的行为，有权向人力资源社会保障行政部门或者其他有关部门举报。

人力资源社会保障行政部门和其他有关部门应当公开举报投诉电话、网站等渠道，依法接受对拖欠农民工工资行为的举报、投诉。对于举报、投诉的处理实行首问负责制，属于本部门受理的，应当依法及时处理；不属于本部门受理的，应当及时转送相关部门，相关部门应当依法及时处理，并将处理结果告知举报、投诉人。

第二章　工资支付形式与周期

第十一条 农民工工资应当以货币形式，通过银行转账或者现金支付给农民工本人，不得以实物或者有价证券等其他形式替代。

第十二条 用人单位应当按照与农民工书面约定或者依法

制定的规章制度规定的工资支付周期和具体支付日期足额支付工资。

第十三条 实行月、周、日、小时工资制的，按照月、周、日、小时为周期支付工资；实行计件工资制的，工资支付周期由双方依法约定。

第十四条 用人单位与农民工书面约定或者依法制定的规章制度规定的具体支付日期，可以在农民工提供劳动的当期或者次期。具体支付日期遇法定节假日或者休息日的，应当在法定节假日或者休息日前支付。

用人单位因不可抗力未能在支付日期支付工资的，应当在不可抗力消除后及时支付。

第十五条 用人单位应当按照工资支付周期编制书面工资支付台账，并至少保存3年。

书面工资支付台账应当包括用人单位名称，支付周期，支付日期，支付对象姓名、身份证号码、联系方式，工作时间，应发工资项目及数额，代扣、代缴、扣除项目和数额，实发工资数额，银行代发工资凭证或者农民工签字等内容。

用人单位向农民工支付工资时，应当提供农民工本人的工资清单。

第三章　工资清偿

第十六条 用人单位拖欠农民工工资的，应当依法予以清偿。

第十七条 不具备合法经营资格的单位招用农民工，农民工已经付出劳动而未获得工资的，依照有关法律规定执行。

第十八条 用工单位使用个人、不具备合法经营资格的单位或者未依法取得劳务派遣许可证的单位派遣的农民工，拖欠农民工工资的，由用工单位清偿，并可以依法进行追偿。

第十九条 用人单位将工作任务发包给个人或者不具备合法经营资格的单位，导致拖欠所招用农民工工资的，依照有关法律规定执行。

用人单位允许个人、不具备合法经营资格或者未取得相应资质的单位以用人单位的名义对外经营，导致拖欠所招用农民工工资的，由用人单位清偿，并可以依法进行追偿。

第二十条 合伙企业、个人独资企业、个体经济组织等用人单位拖欠农民工工资的，应当依法予以清偿；不清偿的，由出资人依法清偿。

第二十一条 用人单位合并或者分立时，应当在实施合并或者分立前依法清偿拖欠的农民工工资；经与农民工书面协商一致的，可以由合并或者分立后承继其权利和义务的用人单位清偿。

第二十二条 用人单位被依法吊销营业执照或者登记证书、被责令关闭、被撤销或者依法解散的，应当在申请注销登记前依法清偿拖欠的农民工工资。

未依据前款规定清偿农民工工资的用人单位主要出资人，应当在注册新用人单位前清偿拖欠的农民工工资。

第四章　工程建设领域特别规定

第二十三条 建设单位应当有满足施工所需要的资金安排。

没有满足施工所需要的资金安排的，工程建设项目不得开工建设；依法需要办理施工许可证的，相关行业工程建设主管部门不予颁发施工许可证。

政府投资项目所需资金，应当按照国家有关规定落实到位，不得由施工单位垫资建设。

第二十四条　建设单位应当向施工单位提供工程款支付担保。

建设单位与施工总承包单位依法订立书面工程施工合同，应当约定工程款计量周期、工程款进度结算办法以及人工费用拨付周期，并按照保障农民工工资按时足额支付的要求约定人工费用。人工费用拨付周期不得超过1个月。

建设单位与施工总承包单位应当将工程施工合同保存备查。

第二十五条　施工总承包单位与分包单位依法订立书面分包合同，应当约定工程款计量周期、工程款进度结算办法。

第二十六条　施工总承包单位应当按照有关规定开设农民工工资专用账户，专项用于支付该工程建设项目农民工工资。

开设、使用农民工工资专用账户有关资料应当由施工总承包单位妥善保存备查。

第二十七条　金融机构应当优化农民工工资专用账户开设服务流程，做好农民工工资专用账户的日常管理工作；发现资金未按约定拨付等情况的，及时通知施工总承包单位，由施工总承包单位报告人力资源社会保障行政部门和相关行业工程建设主管部门，并纳入欠薪预警系统。

工程完工且未拖欠农民工工资的，施工总承包单位公示30

日后，可以申请注销农民工工资专用账户，账户内余额归施工总承包单位所有。

第二十八条　施工总承包单位或者分包单位应当依法与所招用的农民工订立劳动合同并进行用工实名登记，具备条件的行业应当通过相应的管理服务信息平台进行用工实名登记、管理。未与施工总承包单位或者分包单位订立劳动合同并进行用工实名登记的人员，不得进入项目现场施工。

施工总承包单位应当在工程项目部配备劳资专管员，对分包单位劳动用工实施监督管理，掌握施工现场用工、考勤、工资支付等情况，审核分包单位编制的农民工工资支付表，分包单位应当予以配合。

施工总承包单位、分包单位应当建立用工管理台账，并保存至工程完工且工资全部结清后至少3年。

第二十九条　建设单位应当按照合同约定及时拨付工程款，并将人工费用及时足额拨付至农民工工资专用账户，加强对施工总承包单位按时足额支付农民工工资的监督。

因建设单位未按照合同约定及时拨付工程款导致农民工工资拖欠的，建设单位应当以未结清的工程款为限先行垫付被拖欠的农民工工资。

建设单位应当以项目为单位建立保障农民工工资支付协调机制和工资拖欠预防机制，督促施工总承包单位加强劳动用工管理，妥善处理与农民工工资支付相关的矛盾纠纷。发生农民工集体讨薪事件的，建设单位应当会同施工总承包单位及时处理，并向项目所在地人力资源社会保障行政部门和相关行业工程建设主管部门报告有关情况。

第三十条　分包单位对所招用农民工的实名制管理和工资支付负直接责任。

施工总承包单位对分包单位劳动用工和工资发放等情况进行监督。

分包单位拖欠农民工工资的，由施工总承包单位先行清偿，再依法进行追偿。

工程建设项目转包，拖欠农民工工资的，由施工总承包单位先行清偿，再依法进行追偿。

第三十一条　工程建设领域推行分包单位农民工工资委托施工总承包单位代发制度。

分包单位应当按月考核农民工工作量并编制工资支付表，经农民工本人签字确认后，与当月工程进度等情况一并交施工总承包单位。

施工总承包单位根据分包单位编制的工资支付表，通过农民工工资专用账户直接将工资支付到农民工本人的银行账户，并向分包单位提供代发工资凭证。

用于支付农民工工资的银行账户所绑定的农民工本人社会保障卡或者银行卡，用人单位或者其他人员不得以任何理由扣押或者变相扣押。

第三十二条　施工总承包单位应当按照有关规定存储工资保证金，专项用于支付为所承包工程提供劳动的农民工被拖欠的工资。

工资保证金实行差异化存储办法，对一定时期内未发生工资拖欠的单位实行减免措施，对发生工资拖欠的单位适当提高存储比例。工资保证金可以用金融机构保函替代。

工资保证金的存储比例、存储形式、减免措施等具体办法，由国务院人力资源社会保障行政部门会同有关部门制定。

第三十三条　除法律另有规定外，农民工工资专用账户资金和工资保证金不得因支付为本项目提供劳动的农民工工资之外的原因被查封、冻结或者划拨。

第三十四条　施工总承包单位应当在施工现场醒目位置设立维权信息告示牌，明示下列事项：

（一）建设单位、施工总承包单位及所在项目部、分包单位、相关行业工程建设主管部门、劳资专管员等基本信息；

（二）当地最低工资标准、工资支付日期等基本信息；

（三）相关行业工程建设主管部门和劳动保障监察投诉举报电话、劳动争议调解仲裁申请渠道、法律援助申请渠道、公共法律服务热线等信息。

第三十五条　建设单位与施工总承包单位或者承包单位与分包单位因工程数量、质量、造价等产生争议的，建设单位不得因争议不按照本条例第二十四条的规定拨付工程款中的人工费用，施工总承包单位也不得因争议不按照规定代发工资。

第三十六条　建设单位或者施工总承包单位将建设工程发包或者分包给个人或者不具备合法经营资格的单位，导致拖欠农民工工资的，由建设单位或者施工总承包单位清偿。

施工单位允许其他单位和个人以施工单位的名义对外承揽建设工程，导致拖欠农民工工资的，由施工单位清偿。

第三十七条 工程建设项目违反国土空间规划、工程建设等法律法规，导致拖欠农民工工资的，由建设单位清偿。

第五章　监督检查

第三十八条 县级以上地方人民政府应当建立农民工工资支付监控预警平台，实现人力资源社会保障、发展改革、司法行政、财政、住房城乡建设、交通运输、水利等部门的工程项目审批、资金落实、施工许可、劳动用工、工资支付等信息及时共享。

人力资源社会保障行政部门根据水电燃气供应、物业管理、信贷、税收等反映企业生产经营相关指标的变化情况，及时监控和预警工资支付隐患并做好防范工作，市场监管、金融监管、税务等部门应当予以配合。

第三十九条 人力资源社会保障行政部门、相关行业工程建设主管部门和其他有关部门应当按照职责，加强对用人单位与农民工签订劳动合同、工资支付以及工程建设项目实行农民工实名制管理、农民工工资专用账户管理、施工总承包单位代发工资、工资保证金存储、维权信息公示等情况的监督检查，预防和减少拖欠农民工工资行为的发生。

第四十条 人力资源社会保障行政部门在查处拖欠农民工工资案件时，需要依法查询相关单位金融账户和相关当事人拥有房产、车辆等情况的，应当经设区的市级以上地方人民政府人力资源社会保障行政部门负责人批准，有关金融机构和登记部门应当予以配合。

第四十一条 人力资源社会保障行政部门在查处拖欠农民工工资案件时，发生用人单位拒不配合调查、清偿责任主体及相关当事人无法联系等情形的，可以请求公安机关和其他有关部门协助处理。

人力资源社会保障行政部门发现拖欠农民工工资的违法行为涉嫌构成拒不支付劳动报酬罪的，应当按照有关规定及时移送公安机关审查并作出决定。

第四十二条 人力资源社会保障行政部门作出责令支付被拖欠的农民工工资的决定，相关单位不支付的，可以依法申请人民法院强制执行。

第四十三条 相关行业工程建设主管部门应当依法规范本领域建设市场秩序，对违法发包、转包、违法分包、挂靠等行为进行查处，并对导致拖欠农民工工资的违法行为及时予以制止、纠正。

第四十四条 财政部门、审计机关和相关行业工程建设主管部门按照职责，依法对政府投资项目建设单位按照工程施工合同约定向农民工工资专用账户拨付资金情况进行监督。

第四十五条 司法行政部门和法律援助机构应当将农民工列为法律援助的重点对象，并依法为请求支付工资的农民工提供便捷的法律援助。

公共法律服务相关机构应当积极参与相关诉讼、咨询、调解等活动，帮助解决拖欠农民工工资问题。

第四十六条 人力资源社会保障行政部门、相关行业工程建设主管部门和其他有关部门应当按照"谁执法谁普法"普法责任制的要求，通过以案释法等多种形式，加大对保障农民工工资支付相关法律法规的普及宣传。

第四十七条 人力资源社会保障行政部门应当建立用人单位及相关责任人劳动保障守法诚信档案，对用人单位开展守法诚信等级评价。

用人单位有严重拖欠农民工工资违法行为的，由人力资源社会保障行政部门向社会公布，必要时可以通过召开新闻发布会等形式向媒体公开曝光。

第四十八条 用人单位拖欠农民工工资，情节严重或者造成严重不良社会影响的，有关部门应当将该用人单位及其法定代表人或者主要负责人、直接负责的主管人员和其他直接责任人员列入拖欠农民工工资失信联合惩戒对象名单，在政府资金支持、政府采购、招投标、融资贷款、市场准入、税收优惠、评优评先、交通出行等方面依法依规予以限制。

拖欠农民工工资需要列入失信联合惩戒名单的具体情形，由国务院人力资源社会保障行政部门规定。

第四十九条 建设单位未依法提供工程款支付担保或者政府投资项目拖欠工程款，导致拖欠农民工工资的，县级以上地方人民政府应当限制其新建项目，并记入信用记录，纳入国家信用信息系统进行公示。

第五十条 农民工与用人单位就拖欠工资存在争议，用人单位应当提供依法由其保存的劳动合同、职工名册、工资支付台账和清单等材料；不提供的，依法承担不利后果。

第五十一条 工会依法维护农民工工资权益，对用人单位工资支付情况进行监督；发现拖欠农民工工资的，可以要求用人单位改正，拒不改正的，可以请求人力资源社会保障行政部门和其他有关部门依法处理。

第五十二条 单位或者个人编造虚假事实或者采取非法手段讨要农民工工资，或者以拖欠农民工工资为名讨要工程款的，依法予以处理。

第六章　法律责任

第五十三条 违反本条例规定拖欠农民工工资的，依照有关法律规定执行。

第五十四条 有下列情形之一的，由人力资源社会保障行政部门责令限期改正；逾期不改正的，对单位处2万元以上5万元以下的罚款，对法定代表人或者主要负责人、直接负责的主管人员和其他直接责任人员处1万元以上3万元以下的罚款：

（一）以实物、有价证券等形式代替货币支付农民工工资；

（二）未编制工资支付台账并依法保存，或者未向农民工提供工资清单；

（三）扣押或者变相扣押用于支付农民工工资的银行账户所绑定的农民工本人社会保障卡或者银行卡。

第五十五条 有下列情形之一的，由人力资源社会保障行政部门、相关行业工程建设主管部门按照职责责令限期改正；逾期不改正的，责令项目停工，并处5万元以上10万元以下的罚款；情节严重的，给予施工单位限制承接新工程、降低资质等级、吊销资质证书等处罚：

（一）施工总承包单位未按规定开设或者使用农民工工资专用账户；

（二）施工总承包单位未按规定存储工资保证金或者未提供金融机构保函；

（三）施工总承包单位、分包单位未实行劳动用工实名制管理。

第五十六条 有下列情形之一的，由人力资源社会保障行政部门、相关行业工程建设主管部门按照职责责令限期改正；逾期不改正的，处 5 万元以上 10 万元以下的罚款：

（一）分包单位未按月考核农民工工作量、编制工资支付表并经农民工本人签字确认；

（二）施工总承包单位未对分包单位劳动用工实施监督管理；

（三）分包单位未配合施工总承包单位对其劳动用工进行监督管理；

（四）施工总承包单位未实行施工现场维权信息公示制度。

第五十七条 有下列情形之一的，由人力资源社会保障行政部门、相关行业工程建设主管部门按照职责责令限期改正；逾期不改正的，责令项目停工，并处 5 万元以上 10 万元以下的罚款：

（一）建设单位未依法提供工程款支付担保；

（二）建设单位未按约定及时足额向农民工工资专用账户拨付工程款中的人工费用；

（三）建设单位或者施工总承包单位拒不提供或者无法提供

工程施工合同、农民工工资专用账户有关资料。

第五十八条 不依法配合人力资源社会保障行政部门查询相关单位金融账户的，由金融监管部门责令改正；拒不改正的，处 2 万元以上 5 万元以下的罚款。

第五十九条 政府投资项目政府投资资金不到位拖欠农民工工资的，由人力资源社会保障行政部门报本级人民政府批准，责令限期足额拨付所拖欠的资金；逾期不拨付的，由上一级人民政府人力资源社会保障行政部门约谈直接责任部门和相关监管部门负责人，必要时进行通报，约谈地方人民政府负责人。情节严重的，对地方人民政府及其有关部门负责人、直接负责的主管人员和其他直接责任人员依法依规给予处分。

第六十条 政府投资项目建设单位未经批准立项建设、擅自扩大建设规模、擅自增加投资概算、未及时拨付工程款等导致拖欠农民工工资的，除依法承担责任外，由人力资源社会保障行政部门、其他有关部门按照职责约谈建设单位负责人，并作为其业绩考核、薪酬分配、评优评先、职务晋升等的重要依据。

第六十一条 对于建设资金不到位、违法违规开工建设的社会投资工程建设项目拖欠农民工工资的，由人力资源社会保障行政部门、其他有关部门按照职责依法对建设单位进行处罚；对建设单位负责人依法依规给予处分。相关部门工作人员未依法履行职责的，由有关机关依法依规给予处分。

第六十二条 县级以上地方人民政府人力资源社会保障、发展改革、财政、公安等部门和相关行业工程建设主管部门工作人员，在履行农民工工资支付监督管理职责过程中滥用职权、玩忽职守、徇私舞弊的，依法依规给予处分；构成犯罪的，依法追究刑事责任。

第七章　附　　则

第六十三条　用人单位一时难以支付拖欠的农民工工资或者拖欠农民工工资逃匿的，县级以上地方人民政府可以动用应急周转金，先行垫付用人单位拖欠的农民工部分工资或者基本生活费。对已经垫付的应急周转金，应当依法向拖欠农民工工资的用人单位进行追偿。

第六十四条　本条例自 2020 年 5 月 1 日起施行。

人力资源市场暂行条例

（2018 年 5 月 2 日国务院第 7 次常务会议通过　2018 年 6 月 29 日中华人民共和国国务院令第 700 号公布　自 2018 年 10 月 1 日起施行）

第一章　总　　则

第一条　为了规范人力资源市场活动，促进人力资源合理流动和优化配置，促进就业创业，根据《中华人民共和国就业促进法》和有关法律，制定本条例。

第二条　在中华人民共和国境内通过人力资源市场求职、招聘和开展人力资源服务，适用本条例。

法律、行政法规和国务院规定对求职、招聘和开展人力资源服务另有规定的，从其规定。

第三条　通过人力资源市场求职、招聘和开展人力资源服务，应当遵循合法、公平、诚实信用的原则。

第四条　国务院人力资源社会保障行政部门负责全国人力资源市场的统筹规划和综合管理工作。

县级以上地方人民政府人力资源社会保障行政部门负责本行政区域人力资源市场的管理工作。

县级以上人民政府发展改革、教育、公安、财政、商务、税务、市场监督管理等有关部门在各自职责范围内做好人力资源市场的管理工作。

第五条　国家加强人力资源服务标准化建设，发挥人力资源服务标准在行业引导、服务规范、市场监管等方面的作用。

第六条　人力资源服务行业协会应当依照法律、法规、规章及其章程的规定，制定行业自律规范，推进行业诚信建设，提高服务质量，对会员的人力资源服务活动进行指导、监督，依法维护会员合法权益，反映会员诉求，促进行业公平竞争。

第二章　人力资源市场培育

第七条　国家建立统一开放、竞争有序的人力资源市场体系，发挥市场在人力资源配置中的决定性作用，健全人力资源开发机制，激发人力资源创新创造创业活力，促进人力资源市场繁荣发展。

第八条　国家建立政府宏观调控、市场公平竞争、单位自主用人、个人自主择业、人力资源服务机构诚信服务的人力资源流动配置机制，促进人力资源自由有序流动。

第九条　县级以上人民政府应当将人力资源市场建设纳入国民经济和社会发展规划，运用区域、产业、土地等政策，推进人力资源市场建设，发展专业性、行业性人力资源市场，鼓励并规范高端人力资源服务等业态发展，提高人力资源服务业发展水平。

国家鼓励社会力量参与人力资源市场建设。

第十条　县级以上人民政府建立覆盖城乡和各行业的人力资源市场供求信息系统，完善市场信息发布制度，为求职、招聘提供服务。

第十一条　国家引导和促进人力资源在机关、企业、事业单位、社会组织之间以及不同地区之间合理流动。任何地方和单位不得违反国家规定在户籍、地域、身份等方面设置限制人力资源流动的条件。

第十二条　人力资源社会保障行政部门应当加强人力资源市场监管，维护市场秩序，保障公平竞争。

第十三条　国家鼓励开展平等、互利的人力资源国际合作与交流，充分开发利用国际国内人力资源。

第三章　人力资源服务机构

第十四条　本条例所称人力资源服务机构，包括公共人力资源服务机构和经营性人力资源服务机构。

公共人力资源服务机构，是指县级以上人民政府设立的公共就业和人才服务机构。

经营性人力资源服务机构，是指依法设立的从事人力资源服务经营活动的机构。

第十五条　公共人力资源服务机构提供下列服务，不得收费：

（一）人力资源供求、市场工资指导价位、职业培训等信息发布；

（二）职业介绍、职业指导和创业开业指导；

（三）就业创业和人才政策法规咨询；

（四）对就业困难人员实施就业援助；

（五）办理就业登记、失业登记等事务；

（六）办理高等学校、中等职业学校、技工学校毕业生接收手续；

（七）流动人员人事档案管理；

（八）县级以上人民政府确定的其他服务。

第十六条　公共人力资源服务机构应当加强信息化建设，不断提高服务质量和效率。

公共人力资源服务经费纳入政府预算。人力资源社会保障行政部门应当依法加强公共人力资源服务经费管理。

第十七条　国家通过政府购买服务等方式支持经营性人力资源服务机构提供公益性人力资源服务。

第十八条　经营性人力资源服务机构从事职业中介活动的，应当依法向人力资源社会保障行政部门申请行政许可，取得人力资源服务许可证。

经营性人力资源服务机构开展人力资源供求信息的收集和发布、就业和创业指导、人力资源管理咨询、人力资源测评、人力资源培训、承接人力资源服务外包等人力资源服务业务的，应当自开展业务之日起 15 日内向人力资源社会保障行政部门备案。

经营性人力资源服务机构从事劳务派遣业务的，执行国家有关劳务派遣的规定。

第十九条 人力资源社会保障行政部门应当自收到经营性人力资源服务机构从事职业中介活动的申请之日起 20 日内依法作出行政许可决定。符合条件的，颁发人力资源服务许可证；不符合条件的，作出不予批准的书面决定并说明理由。

第二十条 经营性人力资源服务机构设立分支机构的，应当自工商登记办理完毕之日起 15 日内，书面报告分支机构所在地人力资源社会保障行政部门。

第二十一条 经营性人力资源服务机构变更名称、住所、法定代表人或者终止经营活动的，应当自工商变更登记或者注销登记办理完毕之日起 15 日内，书面报告人力资源社会保障行政部门。

第二十二条 人力资源社会保障行政部门应当及时向社会公布取得行政许可或者经过备案的经营性人力资源服务机构名单及其变更、延续等情况。

第四章 人力资源市场活动规范

第二十三条 个人求职，应当如实提供本人基本信息以及与应聘岗位相关的知识、技能、工作经历等情况。

第二十四条 用人单位发布或者向人力资源服务机构提供的单位基本情况、招聘人数、招聘条件、工作内容、工作地点、基本劳动报酬等招聘信息，应当真实、合法，不得含有民族、种族、性别、宗教信仰等方面的歧视性内容。

用人单位自主招用人员，需要建立劳动关系的，应当依法与劳动者订立劳动合同，并按照国家有关规定办理社会保险等相关手续。

第二十五条 人力资源流动，应当遵守法律、法规对服务期、从业限制、保密等方面的规定。

第二十六条 人力资源服务机构接受用人单位委托招聘人员，应当要求用人单位提供招聘简章、营业执照或者有关部门批准设立的文件、经办人的身份证件、用人单位的委托证明，并对所提供材料的真实性、合法性进行审查。

第二十七条 人力资源服务机构接受用人单位委托招聘人员或者开展其他人力资源服务，不得采取欺诈、暴力、胁迫或者其他不正当手段，不得以招聘为名牟取不正当利益，不得介绍单位或者个人从事违法活动。

第二十八条 人力资源服务机构举办现场招聘会，应当制定组织实施办法、应急预案和安全保卫工作方案，核实参加招聘会的招聘单位及其招聘简章的真实性、合法性，提前将招聘会信息向社会公布，并对招聘中的各项活动进行管理。

举办大型现场招聘会，应当符合《大型群众性活动安全管理条例》等法律法规的规定。

第二十九条　人力资源服务机构发布人力资源供求信息，应当建立健全信息发布审查和投诉处理机制，确保发布的信息真实、合法、有效。

人力资源服务机构在业务活动中收集用人单位和个人信息的，不得泄露或者违法使用所知悉的商业秘密和个人信息。

第三十条　经营性人力资源服务机构接受用人单位委托提供人力资源服务外包的，不得改变用人单位与个人的劳动关系，不得与用人单位串通侵害个人的合法权益。

第三十一条　人力资源服务机构通过互联网提供人力资源服务的，应当遵守本条例和国家有关网络安全、互联网信息服务管理的规定。

第三十二条　经营性人力资源服务机构应当在服务场所明示下列事项，并接受人力资源社会保障行政部门和市场监督管理、价格等主管部门的监督检查：

（一）营业执照；

（二）服务项目；

（三）收费标准；

（四）监督机关和监督电话。

从事职业中介活动的，还应当在服务场所明示人力资源服务许可证。

第三十三条　人力资源服务机构应当加强内部制度建设，健全财务管理制度，建立服务台账，如实记录服务对象、服务过程、服务结果等信息。服务台账应当保存2年以上。

第五章　监督管理

第三十四条　人力资源社会保障行政部门对经营性人力资源服务机构实施监督检查，可以采取下列措施：

（一）进入被检查单位进行检查；

（二）询问有关人员，查阅服务台账等服务信息档案；

（三）要求被检查单位提供与检查事项相关的文件资料，并作出解释和说明；

（四）采取记录、录音、录像、照相或者复制等方式收集有关情况和资料；

（五）法律、法规规定的其他措施。

人力资源社会保障行政部门实施监督检查时，监督检查人员不得少于2人，应当出示执法证件，并对被检查单位的商业秘密予以保密。

对人力资源社会保障行政部门依法进行的监督检查，被检查单位应当配合，如实提供相关资料和信息，不得隐瞒、拒绝、阻碍。

第三十五条　人力资源社会保障行政部门采取随机抽取检查对象、随机选派执法人员的方式实施监督检查。

监督检查的情况应当及时向社会公布。其中，行政处罚、监督检查结果可以通过国家企业信用信息公示系统或者其他系统向社会公示。

第三十六条　经营性人力资源服务机构应当在规定期限内，向人力资源社会保障行政部门提交经营情况年度报告。人力资源社会保障行政部门可以依法公示或者引导经营性人力资源服务机构依法公示年度报告的有关内容。

人力资源社会保障行政部门应当加强与市场监督管理等部门的信息共享。通过信息共享可以获取的信息，不得要求经营性人力资源服务机构重复提供。

第三十七条 人力资源社会保障行政部门应当加强人力资源市场诚信建设，把用人单位、个人和经营性人力资源服务机构的信用数据和失信情况等纳入市场诚信建设体系，建立守信激励和失信惩戒机制，实施信用分类监管。

第三十八条 人力资源社会保障行政部门应当按照国家有关规定，对公共人力资源服务机构进行监督管理。

第三十九条 在人力资源服务机构中，根据中国共产党章程及有关规定，建立党的组织并开展活动，加强对流动党员的教育监督和管理服务。人力资源服务机构应当为中国共产党组织的活动提供必要条件。

第四十条 人力资源社会保障行政部门应当畅通对用人单位和人力资源服务机构的举报投诉渠道，依法及时处理有关举报投诉。

第四十一条 公安机关应当依法查处人力资源市场的违法犯罪行为，人力资源社会保障行政部门予以配合。

第六章 法律责任

第四十二条 违反本条例第十八条第一款规定，未经许可擅自从事职业中介活动的，由人力资源社会保障行政部门予以关闭或者责令停止从事职业中介活动；有违法所得的，没收违法所得，并处1万元以上5万元以下的罚款。

违反本条例第十八条第二款规定，开展人力资源服务业务未备案，违反本条例第二十条、第二十一条规定，设立分支机构、办理变更或者注销登记未书面报告的，由人力资源社会保障行政部门责令改正；拒不改正的，处5000元以上1万元以下的罚款。

第四十三条 违反本条例第二十四条、第二十七条、第二十八条、第二十九条、第三十条、第三十一条规定，发布的招聘信息不真实、不合法，未依法开展人力资源服务业务的，由人力资源社会保障行政部门责令改正；有违法所得的，没收违法所得；拒不改正的，处1万元以上5万元以下的罚款；情节严重的，吊销人力资源服务许可证；给个人造成损害的，依法承担民事责任。违反其他法律、行政法规的，由有关主管部门依法给予处罚。

第四十四条 未按照本条例第三十二条规定明示有关事项，未按照本条例第三十三条规定建立健全内部制度或者保存服务台账，未按照本条例第三十六条规定提交经营情况年度报告的，由人力资源社会保障行政部门责令改正；拒不改正的，处5000元以上1万元以下的罚款。违反其他法律、行政法规的，由有关主管部门依法给予处罚。

第四十五条 公共人力资源服务机构违反本条例规定的，由上级主管机关责令改正；拒不改正的，对直接负责的主管人员和其他直接责任人员依法给予处分。

第四十六条　人力资源社会保障行政部门和有关主管部门及其工作人员有下列情形之一的，对直接负责的领导人员和其他直接责任人员依法给予处分：

（一）不依法作出行政许可决定；

（二）在办理行政许可或者备案、实施监督检查中，索取或者收受他人财物，或者谋取其他利益；

（三）不依法履行监督职责或者监督不力，造成严重后果；

（四）其他滥用职权、玩忽职守、徇私舞弊的情形。

第四十七条　违反本条例规定，构成违反治安管理行为的，依法给予治安管理处罚；构成犯罪的，依法追究刑事责任。

第七章　附　　则

第四十八条　本条例自 2018 年 10 月 1 日起施行。

全国社会保障基金条例

（2016 年 2 月 3 日国务院第 122 次常务会议通过　2016 年 3 月 10 日中华人民共和国国务院令第 667 号公布　自 2016 年 5 月 1 日起施行）

第一章　总　　则

第一条　为了规范全国社会保障基金的管理运营，加强对全国社会保障基金的监督，在保证安全的前提下实现保值增值，根据《中华人民共和国社会保险法》，制定本条例。

第二条　国家设立全国社会保障基金。

全国社会保障基金由中央财政预算拨款、国有资本划转、基金投资收益和以国务院批准的其他方式筹集的资金构成。

第三条　全国社会保障基金是国家社会保障储备基金，用于人口老龄化高峰时期的养老保险等社会保障支出的补充、调剂。

第四条　国家根据人口老龄化趋势和经济社会发展状况，确定和调整全国社会保障基金规模。

全国社会保障基金的筹集和使用方案，由国务院确定。

第五条　国务院财政部门、国务院社会保险行政部门负责拟订全国社会保障基金的管理运营办法，报国务院批准后施行。

全国社会保障基金理事会负责全国社会保障基金的管理运营。

第二章　全国社会保障基金的管理运营

第六条　全国社会保障基金理事会应当审慎、稳健管理运营全国社会保障基金，按照国务院批准的比例在境内外市场投资运营全国社会保障基金。

全国社会保障基金理事会投资运营全国社会保障基金，应当坚持安全性、收益性和长期性原则，在国务院批准的固定收益类、股票类和未上市股权类等资产种类及其比例幅度内合理配置资产。

第七条　全国社会保障基金理事会制定全国社会保障基金的资产配置计划、确定重大投资项目，应当进行风险评估，并集体讨论决定。

全国社会保障基金理事会应当制定风险管理和内部控制办法，在管理运营的各个环节对风险进行识别、衡量、评估、监测和应对，有效防范和控制风险。风险管理和内部控制办法应当报国务院财政部门、国务院社会保险行政部门备案。

全国社会保障基金理事会应当依法制定会计核算办法，并报国务院财政部门审核批准。

第八条 全国社会保障基金理事会应当定期向国务院财政部门、国务院社会保险行政部门报告全国社会保障基金管理运营情况，提交财务会计报告。

第九条 全国社会保障基金理事会可以将全国社会保障基金委托投资或者以国务院批准的其他方式投资。

第十条 全国社会保障基金理事会将全国社会保障基金委托投资的，应当选择符合法定条件的专业投资管理机构、专业托管机构分别担任全国社会保障基金投资管理人、托管人。

全国社会保障基金理事会应当按照公开、公平、公正的原则选聘投资管理人、托管人，发布选聘信息、组织专家评审、集体讨论决定并公布选聘结果。

全国社会保障基金理事会应当制定投资管理人、托管人选聘办法，并报国务院财政部门、国务院社会保险行政部门备案。

第十一条 全国社会保障基金理事会应当与聘任的投资管理人、托管人分别签订委托投资合同、托管合同，并报国务院财政部门、国务院社会保险行政部门、国务院外汇管理部门、国务院证券监督管理机构、国务院银行业监督管理机构备案。

第十二条 全国社会保障基金理事会应当制定投资管理人、托管人考评办法，根据考评办法对投资管理人投资、托管人保管全国社会保障基金的情况进行考评。考评结果作为是否继续聘任的依据。

第十三条 全国社会保障基金投资管理人履行下列职责：

（一）运用全国社会保障基金进行投资；

（二）按照规定提取全国社会保障基金投资管理风险准备金；

（三）向全国社会保障基金理事会报告投资情况；

（四）法律、行政法规和国务院有关部门规章规定的其他职责。

第十四条 全国社会保障基金托管人履行下列职责：

（一）安全保管全国社会保障基金财产；

（二）按照托管合同的约定，根据全国社会保障基金投资管理人的投资指令，及时办理清算、交割事宜；

（三）按照规定和托管合同的约定，监督全国社会保障基金投资管理人的投资；

（四）执行全国社会保障基金理事会的指令，并报告托管情况；

（五）法律、行政法规和国务院有关部门规章规定的其他职责。

第十五条 全国社会保障基金财产应当独立于全国社会保障基金理事会、投资管理人、托管人的固有财产，独立于投资管理人投资和托管人保管的其他财产。

第十六条　全国社会保障基金投资管理人、托管人不得有下列行为：

（一）将全国社会保障基金财产混同于其他财产投资、保管；

（二）泄露因职务便利获取的全国社会保障基金未公开的信息，利用该信息从事或者明示、暗示他人从事相关交易活动；

（三）法律、行政法规和国务院有关部门规章禁止的其他行为。

第十七条　全国社会保障基金按照国家规定享受税收优惠。

第三章　全国社会保障基金的监督

第十八条　国家建立健全全国社会保障基金监督制度。

任何单位和个人不得侵占、挪用或者违规投资运营全国社会保障基金。

第十九条　国务院财政部门、国务院社会保险行政部门按照各自职责对全国社会保障基金的收支、管理和投资运营情况实施监督；发现存在问题的，应当依法处理；不属于本部门职责范围的，应当依法移送国务院外汇管理部门、国务院证券监督管理机构、国务院银行业监督管理机构等有关部门处理。

第二十条　国务院外汇管理部门、国务院证券监督管理机构、国务院银行业监督管理机构按照各自职责对投资管理人投资、托管人保管全国社会保障基金情况实施监督；发现违法违规行为的，应当依法处理，并及时通知国务院财政部门、国务院社会保险行政部门。

第二十一条　对全国社会保障基金境外投资管理人、托管人的监督，由国务院证券监督管理机构、国务院银行业监督管理机构按照与投资管理人、托管人所在国家或者地区有关监督管理机构签署的合作文件的规定执行。

第二十二条　审计署应当对全国社会保障基金每年至少进行一次审计。审计结果应当向社会公布。

第二十三条　全国社会保障基金理事会应当通过公开招标的方式选聘会计师事务所，对全国社会保障基金进行审计。

第二十四条　全国社会保障基金理事会应当通过其官方网站、全国范围内发行的报纸每年向社会公布全国社会保障基金的收支、管理和投资运营情况，接受社会监督。

第四章　法律责任

第二十五条　全国社会保障基金境内投资管理人、托管人违反本条例第十六条、第十八条第二款规定的，由国务院证券监督管理机构、国务院银行业监督管理机构责令改正，没收违法所得，并处违法所得1倍以上5倍以下罚款；没有违法所得或者违法所得不足100万元的，并处10万元以上100万元以下罚款；对直接负责的主管人员和其他直接责任人员给予警告，暂停或者撤销有关从业资格，并处3万元以上30万元以下罚款；构成犯罪的，依法追究刑事责任。

第二十六条　全国社会保障基金理事会违反本条例规定的，由国务院财政部门、国务院社会保险行政部门责令改正；对直接负责的主管人员和其他直接责任人员依法给予处分；构成犯罪的，依法追究刑事责任。

第二十七条　国家工作人员在全国社会保障基金管理运营、监督工作中滥用职权、玩忽职守、徇私舞弊的，依法给予处分；构成犯罪的，依法追究刑事责任。

第二十八条　违反本条例规定，给全国社会保障基金造成损失的，依法承担赔偿责任。

第五章　附　　则

第二十九条　经国务院批准，全国社会保障基金理事会可以接受省级人民政府的委托管理运营社会保险基金；受托管理运营社会保险基金，按照国务院有关社会保险基金投资管理的规定执行。

第三十条　本条例自 2016 年 5 月 1 日起施行。

图书在版编目（CIP）数据

图解劳动法／法规应用研究中心编. -- 北京：中国法治出版社，2024.12. --（图解法律系列）.
ISBN 978-7-5216-4857-7

Ⅰ.D922.504
中国国家版本馆 CIP 数据核字第 2024EE7325 号

责任编辑：白天园　　　　　　　　　　　　封面设计：周黎明

图解劳动法
TUJIE LAODONGFA

编者／法规应用研究中心
经销／新华书店
印刷／三河市紫恒印装有限公司
开本／880 毫米×1230 毫米　32 开　　　印张／6.375　字数／106 千
版次／2024 年 12 月第 1 版　　　　　　　2024 年 12 月第 1 次印刷

中国法治出版社出版
书号 ISBN 978-7-5216-4857-7　　　　　　　　　　　定价：39.00 元

北京市西城区西便门西里甲 16 号西便门办公区

邮政编码：100053　　　　　　　　　　　传真：010-63141600

网址：**http://www.zgfzs.com**　　　　　　编辑部电话：**010-63141792**
市场营销部电话：**010-63141612**　　　　印务部电话：**010-63141606**

（如有印装质量问题，请与本社印务部联系。）